먼		훗	날		아	이	의		기	억		속	에						
어	떤		부	모	님	으	로		남	고		싶	으	신	지	요	?			
									이	명	학		드	림						

부모, 쉼표

부모, 쉼표

이명학

흔들리는 부모와 아이를 위한
고전 명구 마음 수업

들어가며

1977년 지구를 떠난 우주 탐사선 보이저호가 13년 뒤인 1990년, 60억km 떨어진 우주에서 지구를 촬영해 보내 온 사진이 있습니다. 사진 속 망망한 태양계 저 끝에 보일 듯 말 듯 '창백한 푸른 점'이 지구입니다. 그 '작은 점' 위에 수십억 명의 사람들이 복작대며 살아가고 있습니다. 사진을 보고 있자면 끝도 모를 거대한 우주 속에서 인간은 얼마나 하잘것없는 존재인지 허망해지기도 하고 겸허해지기도 합니다. 한 장의 사진이 주는 위대한 가르침입니다.

도대체 '사람답게' 사는 것은 무엇일까요? 세상에는 도덕이 있고 저 너머에 법이 있습니다. 법을 어기는 짓은 당연히 '사람답게' 사는 것이 아니지요. 그렇다고 법 언저리에 아슬아슬하게 걸쳐 사는 것도 '사람답게'라고 할 수는 없을 것입니다. 어떤 사람은 세상 사람의 손가락질이나 도덕적으로 지탄받는 정도는 아무렇지도 않게 생각합니다. 부끄러움도 없습니다. 탐욕과 이기심에 사로잡혀, 남이야 어찌 되든 오직 나 하나 잘 먹고 잘살겠다는 것입니다. 이래서 온갖 추잡한 일들이 벌어지고 우리를 우울하게 합니다.

그렇다면, '사람답게'의 대척점에 있는 말은 무엇일까요. 저는 '짐승처럼'이 아닐까 생각합니다. '사람답게'는 이미 수천 년 전부터 인류의 스승인 여러 선현(先賢)께서 누누이 말씀하셨습니다. '짐승처럼' 살아갈 가능성이 농후한 인간의 본성을 꿰뚫어 보고 가르침을 주신 것입니다. 그중 으뜸이 바로 탐욕이지요. 탐욕은 소금물과 같아서 한번 마시면 멈출 수가 없습니다. 인간이 사는 세상에서 '짐승처럼' 벌어진 모든 일은 이에 기인

합니다. 오죽하면 보다 못해 "죽을 때 가져갈 수 있는 것이 무엇인지 생각해 보라."고까지 하셨겠습니까.

선현의 말씀이 고스란히 담긴 책을 '고전(古典)'이라고 합니다. 고전을 '내일로 가는 옛길'이라고도 하는데 살아가면서 바른길을 찾으려 한다면 바로 선현들이 걸어갔던 옛길에서 답을 구하면 될 것입니다. 고전은 선반 위 먼지가 소복이 쌓인 고리짝이 아니라 삶의 진리를 끊임없이 꺼낼 수 있는 반짝이는 보물 창고요, 가야 할 길을 일러 주는 인생의 나침반입니다.

현대 사회는 우리에게 삶의 의미를 되돌아볼 여유를 주지 않습니다. 우리는 그저 하루하루 살아가기 위해 시간을 허겁지겁 쓰고 있는지 모르겠습니다. 어제가 오늘이고 오늘이 내일입니다. 다람쥐가 종일 쳇바퀴를 돌듯 그렇게 살고 있습니다. 그러다 어느 날 문득 지나온 삶을 돌아보면 이것이 진정 인생이었는지 아득해지기도 합니다.

그래서 한 편 한 편 글을 끄적이기 시작했습니다. 살

아갈수록 점점 무미건조해지는 우리의 인생을 함께 다독이고 싶었습니다. 고전의 바다에서 가슴에 새길 만한 좋은 글을 길어 올려 우리의 삶을 되돌아보려고 하였습니다만, 고전을 인용한 글쓰기는 의욕이 과하여 무언가 가르침을 주어야 한다는 강박감에 빠지기 쉽습니다. 그래서 그런 틀에서 벗어나 이제까지 살아오면서 보고 느꼈던 소회를 담담하게 써 보려고 하였습니다.

그렇게 한 일간지에 차근차근 연재했던 칼럼과 지인에게 보내 준 글을 모으니 적잖은 분량이 되더군요. 또한 2021년 모교인 중동고등학교 교장으로 부임한 후 매 학기 학부모님께 보내드렸던 글과 간간이 학생에게 준 글도 담아 보았습니다. 학부모님이나 학생이나 모두 고통 속에 지낼 수밖에 없는 우리나라 교육 현실입니다. 여러분께서 현장에서 보고 느낀 저의 글을 통해 작은 위안이라도 받으시기를 바랄 뿐입니다. 몇 번을 읽어 보아도 보잘것없는 글이지만, 동구 밖 느티나무 그늘 아래 놓인 평상처럼 사람들이 걸터앉아 잠시나마 살아가는 이야기를 나누는 쉼터가 되었으면 좋겠습니다.

책을 엮는다는 것은 그 자체가 쉽지 않은 일입니다. 그러함에도 흔쾌히 한 권의 책으로 곱게 묶어 준 이혜재 편집장에게 감사드립니다. 3년 전 〈유 퀴즈 온 더 블럭〉에 출연한 다음 날 아침, 많은 출판사에서 메일이 왔습니다. 놀랍기도 하고 방송의 위력을 실감했는데 여러 메일 가운데 진정이 담긴 이 편집장의 글을 보고 출판을 부탁드렸고 그 인연이 오늘까지 이어지게 되었습니다. 역시 좋은 글은 유려하게 쓴 것이 아니라 글쓴이의 순수한 진정이 상대방의 마음에 차곡차곡 쌓이는 것인가 봅니다.

고전 또한 그러합니다. 그래서 아주 오래전에도 읽혔고 지금도 읽히고 수천 년 뒤에도 읽힐 것입니다. 숲이 우거진 '옛길'을 찬찬히 걸으며 삶의 여유와 지혜를 찾아보는 것도 좋을 듯합니다.

들어가며
•
004

1부
마음의 나침반을
찾아가는,
쉼표

학부모님께 드리는 글
—그간 평안하셨는지요 (1)

• 부모와 자식은 서로 닮기 마련입니다_020
• 성실함, 살아가는 데 필요한 기본기_023
• 진정한 명품은 내면에서부터 드러납니다_025
• 방법이 달리 없다면, 방법을 찾는 대신 일단 믿어 봅니다_028
• '사람됨'을 제대로 알아 가야 합니다_031
• 나의 경험치가 세상 전부는 될 수 없습니다_034
• 화려하지 않아도 마음을 크게 울리는 말이 있습니다_038
• 진정 내 아이를 아끼고 사랑한다면_041
• 자기만의 힘으로 세상을 살아갈 수 있어야 합니다_044
• 모든 일이 돈으로 되는 것은 아닙니다_047
• 모든 사람은 각자의 고유한 빛을 지니고 있습니다_049
• 흙이 쌓여 산이 되듯, 차곡차곡 탐구하는 태도_051
• 안개가 걷히기를 바라는 마음으로_055
• 선친의 소중한 뜻을 기리기 위한 일_058

2부
태도의 지혜를
발견하는,
쉼표

학부모님께 드리는 글
—그간 평안하셨는지요 (2)

• 내가 하기 싫은 일은, 남들도 싫어합니다_ 072
• 내 삶의 기준은 남이 아닌 나에게 있습니다_ 075
• 무엇이든 꾸준히 계속해 나가는 것이 중요합니다_ 078
• 험담 대신 미담을 나누면 좋겠습니다_ 081
• 실패가 두렵나요, 아니면 도전이 두렵나요_ 084
• 내 마음을 지켜 내기가 가장 어렵습니다_ 086
• 말의 무게가 가볍기만 해서는 안 되겠지요_ 089
• 이 세상에 내가 가진 것만 소중할 수는 없습니다_ 091
• 말로 다친 상처는 쉽게 아물지 않습니다_ 094
• 나에게 관대한 만큼 남에게도 관대한 태도_ 096
• 불가능과 가능은 한 끗 차이일지도 모릅니다_ 099
• 묵묵히 때를 기다리는 마음의 여유도 필요하겠습니다_ 101
• 극단에 치우치는 소모적 전쟁을 멀리한다면_ 104

3부
행복의
가능성에 가닿는,
쉼표

학부모님께 드리는 글
—그간 평안하셨는지요 (3)

• 몸에 좋은 약은 입에 쓴 법이니까요_116
• 가짜와 진짜가 한 끗 차이인 세상 속에서_119
• 막연한 기다림보다 실천이 앞서길 바랍니다_122
• 사람이 어떤 처지에 놓이더라도 해서는 안 될 일이 있습니다_125
• 모든 사람에게 칭찬받으며 살 수 없습니다_128
• 살면서 이해할 수 없는 사람을 만나기도 합니다_131
• 누구나 실수를 합니다_134
• 올바른 판단과 냉정한 선택이 쉽지 않더라도_136
• 핑계나 변명에 앞서, 나부터 돌이켜 봅니다_139
• 곁에 있는 존재들을 소중하게 여깁니다_142
• 멀리 보이는 것도 차곡차곡 쌓아 가면 이루게 됩니다_145
• 골칫거리를 그대로 두어서는 안 됩니다_148
• 마음이 따듯하고 바른 사람으로 살아가기 위해_150

4부

함께하는
우리를 꿈꾸는,
쉼표

학생들에게 전하는 글
―지나온 시간만으로도 충분히 대단합니다

- 의도된 가식에 마음을 빼앗기지 마세요_162
- 달걀 두 개의 무거운 잣대를 기억합니다_165
- 문제 삼기 전에, 한번 귀를 기울여 볼까요_168
- 도리에 맞지 않는 말은 결국 자신에게 돌아옵니다_171
- 부끄러움을 부끄러워하지 못한다면_174
- 언제나 상황보다 중요한 건 마음이니까요_177
- 할 수 없어서 못하는 일이 아닙니다_181
- 평가와 판단은 언제나 상대적이기에_185
- 타인의 마음을 섬세히 헤아릴 수 있길 바랍니다_188
- 의로운 생각과 당당한 태도를 익힌다면_190
- 나중보다 지금 이 순간을 반듯하게 살아가기를_192
- 나누는 마음은 힘든 시기일수록 빛납니다_195
- 분야마다 전문가가 괜히 있는 것이 아니니까요_199
- 모든 일의 시작처럼, 끝을 완성해 내기를 바랍니다_202

나오며
•

1

마음의 나침반을 찾아가는,
쉼표

그간 평안하셨는지요?

새로운 학기가 시작되었습니다. 새 학기를 맞아 평소 품고 있던 소박한 생각을 편하게 말씀드리고자 합니다.

제가 교장으로 부임한 후 이런저런 일들을 겪어 보니 학부모님들은 자꾸 내 아이를 다른 집 아이와 비교하다가 마음이 조급해지시더군요. 그리고 다른 집 아이보다 내 아이를 더 뛰어나게 만들겠다는 생각이 부질없는 부모님의 욕심 때문이라는 것을 전혀 알지 못하셨습니다. 또 "다 너 잘되라고 이러는 거야."라고 하면서 허구한 날

다그치십니다. 아이의 장래를 위해서라고 하지만, 아이가 왜 공부를 해야 하는지 냉철하게 생각하는 분은 많지 않았습니다. 남이 하니 해야 하고, 안 하면 경쟁에서 뒤질 것 같은 불안함에 마음만 조급해지는 것입니다. 냉정하고 이성적인 판단은 애초에 기대할 수 없었습니다.

부모는 아이가 돌부리에 걸려 넘어졌다가 일어설 때 버팀목이 되면, 그것으로 충분합니다. 그런데 아침부터 잠들 때까지 아이의 일거수일투족 어느 하나 놓치지 않고 거들고 참견을 합니다. 언젠가 아이는 홀로 거친 세상을 헤치며 살아가야 하는데, 그것을 모르시더군요. 결국 부모의 손길이 닿지 않으면 스스로 무엇 하나 할 줄 모르는, 몸집만 커다란 '바보 어른'으로 만들고 있었습니다.

아이의 손을 빨리 놓아 줄수록 아이는 자신의 인생을 독립적이고 주체적으로 이끄는 어른으로 성장합니다. 처음 손을 놓을 때 어느 부모님인들 마음이 짠하지 않겠습니까? 하지만 내 아이가 홀로 살아갈 길고 긴 인생살이를 생각하면 안타까워도 잡고 있던 손을 슬며시 놓아주셔야 합니다. 그리고 세상일을 많이 겪어 본 인생 선배로서 때로는 쓴소리도 해 주고, 때로는 따뜻한 격려도 해 주며 묵묵히 제 갈 길을 가도록 곁에서 지켜보셔야 합니다.

명문대 진학이 인생의 모든 것을 결정한다는 틀에 박힌 생각에서 벗어나셔야 합니다. 그것은 검증되지 않은 일방적인 주장이고, 주변 분들을 살펴보아도 반드시 그렇지만 않다는 걸 알 수 있습니다. 아이가 행복해하는 일이 무엇인지, 꿈은 무엇인지 진지하게 들어 주는 것이 중요합니다.

아이의 미래는, 아이의 삶이기 때문입니다.

부모님의 체면 때문에 공부하는 것도 아니고,

남에게 칭찬받기 위해 공부하는 것은 더더욱 아닙니다.

공부는 자기 인생을 위해 하는 것입니다.

명문대만이 목표가 아니라, 평생 해도 싫증 나지 않는 행복한 일을 찾기 위해 공부를 하는 것입니다. 이것이 공부의 참 목적이어야 합니다.

아이는 부모님을 어떤 식으로든 기억합니다. 어른이 되어 아이의 기억 속에 어떤 부모로 남아 있을지는 오로지 부모님의 몫입니다.

2023년 3월 17일

교장 이명학 드림

부모와 자식은
서로 닮기 마련입니다

홍서봉(洪瑞鳳)은 조선 인조 때 영의정을 지낸 분입니다. 어려서 홍서봉은 가정 형편이 넉넉하지 못했습니다. 하루는, 홍서봉의 모친이 종을 시켜 고기를 사 오게 했더니 상한 고기를 가져왔습니다. 모친은 남은 고기가 얼마나 되는지 종에게 묻고는 비녀를 팔아 모두 사 오게 해서 땅에 묻어 버렸습니다. 행여 다른 사람들이 사 먹고 병이 날까 걱정해서였습니다.

요즘 사람들은 홍서봉 모친의 처사를 어떻게 받아들일까요. 만약 우리라면, 가게 주인을 바로 찾아가 거칠게 항의하고 돈을 되돌려 받든지 경찰에 신고를 하든지

했을 것입니다. 아니면 SNS에 올려 '혼쭐이 나도록' 비난하고 망신을 주었을지도 모릅니다. 사는 것이 거칠고 힘들어서인지 막무가내로 벌어지는 소동이 많은 세상입니다. 어이가 없고 황당무계한 일들도 많지만, 한편으로는 조금만 생각하면 충분히 이해할 수 있는 사소한 상황에서도 일단 목소리부터 높입니다. 누가 이기는지 해 보자, 싶은 기싸움이 어디서나 일어납니다.

홍서봉 모친은 속이 깊은 분입니다. 내 처지가 어렵기는 하나 장사하는 사람이 더 어려울 것이라 짐작하고, 또 일부러 나쁜 짓을 하지 않았으리라 믿고 문제 삼지 않았지만 그렇다고 모른 척 놔두면 다른 사람들이 탈이 날까 염려하여 그리 한 것입니다. 상한 고기를 판 '장사하는 사람'과 일면식도 없는 '다른 사람'을 모두 헤아린 고운 마음 씀입니다. 이 소식을 들은 홍서봉은 "어머니의 이 마음이 반드시 후손을 번창하게 할 것이다."라고 했습니다.

자식은 부모를 보며 큽니다. 그래서 부모의 언행은 신중하고, 또 신중해야 합니다. 자식은 부모의 거울입니다. 남을 배려하지 않은 부모를 보고 자란 아이가 남을 배려하는 마음을 갖기란 쉽지 않습니다. 우리는 부모와 자식이 함께 '갑질' 하는 모습을 심심치 않게 볼 수 있습니다. 누군가를 함부로 대하고 무례하게 행동하는 태도는 그 이유가 무엇이든 정당할 수 없습니다. 그럴수록 상대의 마음을 공감하고 그 입장에서 생각해 보고 배려하는 자세가 중요합니다. 배려는 더불어 사는 사회를 이루는 소중한 덕목입니다.

'효'라는 것도 상대를 배려하는 태도의 확장입니다. 자식이 연로하신 부모의 처지를 생각하고 보살펴 드리는 것이 바로 효입니다. 사실 효는 거창한 무엇이 아닙니다. 홍서봉이 정승 반열에 오른 것도 모친의 마음 씀을 기억하고 남의 처지를 살피고 헤아리며 반듯하게 성장했기 때문일 것입니다.

사람들은 누군가를 어떤 식으로든 자기만의 기억으로 마음에 담습니다. 자녀도 우리를 어떤 식으로든 기억하고 있을 것입니다. 그런데 어떻게 기억하고 있을까 생각해 보면, 두렵기도 한 일이지요. 부모가 먼저 자기 자신을 돌아봐야 하는 까닭입니다.

성실함, 살아가는 데
필요한 기본기

오늘은 『중용』에 실려 있는 말을 전해드리겠습니다.

不誠無物(불성무물): 성(誠)하지 않으면 물(物)이 없다.

이 말은 성실하지 않으면 만물은 존재할 수 없음을 뜻합니다. 성실함이란 자기의 모든 역량을 다하여 진정성을 갖고 임하는 것입니다. 성실하지 않으면 되는 일은 아무것도 없으니 성실함은 모든 일의 시작과 끝입니다. 성실하게 꾸준히 하면 더딜지는 모르겠으나 세상에 이루지 못하는 일이란 없습니다. 제아무리 머리가 뛰어나고 능력이 출중하더라도 그것만 믿고 성실히 하지 않으면 잠시 반짝 빛을 볼 수 있을지는 몰라도 결과가 좋을 리 만무합니다.

주변에 우직하고 요령 없는 사람을 보면 한편으로 답답해 보일 수 있지만, 그 성실함이 굴곡 없는 삶을 영위케 합니다. 시간을 지키지 않고 약속을 어기고 건성건성 뭐든 대충 여기는 불성실한 사람에게 무슨 일인들 제대로 되는 것이 있을까요. 선현들이 인간 삶에서 성실함을 중요한 마음가짐으로 강조한 이유일 테지요.

또한 『맹자』에 盈科後進(영과후진)이라는 구절이 있습니다. 盈(영)은 '채우다', 科(과)는 '웅덩이'라는 뜻입니다. 물은 아주 자그마한 웅덩이라도 반드시 채우고서 나아간다는 의미입니다.

물이 흘러가는 것을 보면 아무리 작은 웅덩이라도 반드시 꼭꼭 채운 뒤에 흘러갑니다. 맹자는 물이 흘러가는 것처럼 모든 일은 부족한 부분을 하나하나 채워 가면서 해야 한다고 역설했습니다. 공부만 그런 것이 아닙니다. 인간사 모든 일이 그러합니다. 마음이 급하다고 널뛰듯이 마구 한다고 되는 일은 아무것도 없습니다. 더딘 것이 대수겠습니까. 차근차근 과정을 다져 목적지에 다다르면 되겠지요.

진정한 명품은
내면에서부터 드러납니다

2400여 년 전 전국시대 때 이야기입니다. 위나라 혜왕 (惠王)과 제나라 위왕(威王)이 회동을 했습니다. 혜왕은 과 시욕이 강한 사람으로 맹자께 '오십보백보'라는 핀잔을 들은 당사자입니다. 국력이 약했던 혜왕은 무엇으로든 기선 제압을 하고 싶었는지도 모르겠습니다. 혜왕은 대 뜸 "제나라에도 보석이 있습니까?"라고 뜬금없이 묻습 니다. 제나라 왕이 무심한 듯 "없습니다."라고 하자 혜왕 은 우쭐거리며 자랑을 늘어놓습니다.

"우리는 수레 앞뒤 열두 대를 비출 수 있는 보석이 열 개나 있는데 제나라같이 큰 나라에 보석이 없다니요?"

그 말을 듣자 제나라 왕은 "내가 보석으로 여기는 것과 왕께서 보석으로 여기는 것이 다르군요. 나에게는 국가를 위해 헌신하며 국경을 철통같이 지키는 네 명의 신하가 있습니다. 이들은 장차 천 리를 비추는 인재들인데 겨우 수레 열두 대를 비추는 보석에 비하겠습니까?"라고 답했고 혜왕은 부끄러움을 감추지 못했다고 합니다.

사람들은 저마다 살아온 환경과 성향에 따라 가치관이 다르고 소중하게 여기는 것도 다릅니다. 이른바 속이 허한 사람은 외양을 꾸미는 데 치중하고 그렇지 않은 사람은 외모보다 내실을 다지는 데 힘을 기울입니다. 길거리에서 요란스러운 튜닝으로 귀를 따갑게 하는 승용차를 보면 차 주인이 어떤 사람일까 궁금하면서도 내심 짐작이 가기도 합니다. 자기 만족의 시대라고 해도, 대체 왜 저리 다른 사람의 이목을 끌어 보려는 건가 싶습니다. 2400년 전 혜왕이나 지금의 인간이나 다를 바가 없다는 게 신기할 뿐입니다.

문득, 동창회에 보석을 두르고 나와 거들먹거리는 동창에게 "나는 내 자식이 귀한 보석이야."라고 따끔한 충고를 했다는 이야기가 떠오릅니다. 명품을 휘감았다고 그 사람이 명품은 아닙니다. 주체적으로 생각하고 따뜻한 마음으로 배려하며 당당하고 떳떳하게 살아가는 사람이 보석보다 더 아름답습니다. 겉모습을 어찌 꾸미든 인품은 자연스레 드러나기 마련입니다. 과연 인생에서 무엇이 귀하고 소중한 가치인지 진지하게 생각해 보면 좋겠습니다.

방법이 달리 없다면,
방법을 찾는 대신 일단 믿어 봅니다

오늘은 먼저 시 한 편을 소개하며 글을 시작하려고 합니다. 조선 후기 능운(凌雲)이라는 기녀가 지은 작품 「대랑군」입니다.

郎云月出來(낭운월출래)

우리 낭군 달이 뜨면 오겠다 하시더니

月出郎不來(월출낭불래)

달이 떠도 우리 낭군 오시지 않네

想應君在處(상응군재처)

생각해 보니 응당 우리 낭군 계신 곳엔

山高月上遲(산고월상지)

산이 높아 달이 더디 떠서겠지

사랑하는 님을 그리워하는 여인의 심정을 잘 묘사한
작품입니다. 이제나저제나 님이 오기만을 기다리나 약
속한 날이 되어도 님은 오지 않습니다. 그런데 이 여인
은 님이 계신 곳엔 '산이 높아 달이 더디 뜨나 보다.'라
고 서운한 마음을 애써 감추며 반드시 오리라는 낙관과
느긋함을 보입니다.

오지 않는 사람을 기다리느라 속을 끓인들 상황은 바
뀌지 않습니다. 자신만 힘들 뿐입니다. 저도 마찬가지였
습니다. 예전에, 마음은 급한데 일은 지지부진하여 답답
했던 적이 한두 번이 아니었습니다. 마음을 졸이며 애태
워도 상황은 조금도 바뀌지 않았는데 좀 여유 있게 기다
릴 걸 하는 후회도 하곤 했습니다.

그런 의미에서, 요즘 부모님들의 공통된 하소연 중

하나가 무엇일까요. 자녀가 인터넷 게임에 빠져 학업을 게을리하는 통에 갈등을 빚을 때가 제법 많다고들 합니다. 그런데 게임에 빠진 자녀에게 아무리 잔소리를 해도 듣는 척도 않으니, 속이 터질 일입니다. 가정이 평안해야 하는데 갈등이 깊어지고, 전쟁 같은 일이 매일 벌어집니다. 언성은 높아지고 실랑이 끝에 내뱉은 감정 섞인 말은 자녀에게 평생 상처로 남습니다. 해결 방법을 찾아야 하는데 쉽지 않습니다. 자녀가 정신을 차리든 부모가 마음을 놓아 버리든 해야 합니다. 내가 낳은 자식 내가 믿을 수밖에 더 있나요. 참으셔야 합니다. '山高月上遲' 자녀가 있는 곳에도 '산이 높아 달이 더디 뜨나 보다.' 생각하면 한결 마음이 편해질 것입니다.

마음을 내려놓으면 자녀도 부모가 왜 저렇게 변했는지 의아한 생각에 혹 자신의 생활을 돌아볼지도 모릅니다. 참고 기다리면 언젠가 제자리로 돌아올 것입니다. 그동안 속은 홍어처럼 삭아 문드러지겠지만 달리 방법이 있겠나요. 부모 된 죄라 생각하고 자녀를 믿고, 또 믿어 보는 것이지요.

'사람됨'을 제대로
알아 가야 합니다

퇴계 선생께서 잠시 한양 사실 때 이야기입니다. 이웃집 밤나무 가지가 넘어와 퇴계 선생 집으로 밤이 떨어졌습니다. 퇴계 선생은 밤을 주워서 담장 밖으로 던져 버렸습니다. 혹여 아이들이 먹을까 염려하신 것입니다.

이와 더불어, 마침 떠오른 소동파의 『적벽부』 한 구절을 함께 읽고 싶어 소개합니다.

苟非吾之所有(구비오지소유)

雖一毫而莫取(수일호이막취)

'진실로 내 것이 아니라면 비록 터럭 한 올이라도 취하지 마라.'는 의미입니다. 옛사람들은 그만큼 자신에게 엄격하고 철저했습니다. 보통은 이웃집 밤나무가 넘어와 밤이 떨어지면 공짜로 이득이 생겨 좋아하는 마음이 들겠지요. 그러나 퇴계 선생은 어린아이들이 아무리 적은 밤 몇 톨이라도 남의 물건을 쉬 생각하고 아무렇지도 않게 여기면 장차 커서 어떻게 될지 걱정하신 것입니다. 개결한 삶과 엄한 가르침입니다.

또 다른 이야기도 나누고 싶습니다. 원나라 때 허형(許衡)은 친구들과 한여름 뙤약볕 아래 길을 가다가 갈증을 견딜 수 없었습니다. 친구들은 배나무를 보자 허겁지겁 배를 따 먹었으나 오직 허형만 먹지 않았습니다.

그 까닭을 묻자 "배나무의 주인은 없을지 몰라도 어찌 내 마음에 주인이 없겠는가."라고 했습니다. 아무리 힘겨워도 자신의 떳떳함을 지키려는 당당함입니다. 우리가 귀감으로 삼을 만한 분들입니다.

정부는 매년 '공직자 청렴 교육'을 합니다. 왜 해마다 같은 교육을 반복하는지 이유를 모르겠습니다. 시험으로 청렴한 사람을 선발할 수 없으니 교육을 해서라도 경각심을 갖게 하자는 취지인 것 같습니다. 그러함에도 부정부패를 저지른 공직자는 줄어들지 않습니다. 오히려 그 수법과 방식이 갈수록 교묘해지며 계속 나옵니다. 이런 마당에 도식적 교육이 무슨 필요가 있을까요. 별 의미가 없음에 분명합니다. 조선 시대에도 벼슬길에 오른 모든 사람은 어려서 유교 경전을 달달 외웠습니다. 그 책에는 사람됨과 물욕을 버리라는 좋은 말씀이 그득합니다. 그런데도 탐관오리는 늘 있었고 유리걸식하는 백성은 수도 없었습니다. 좋은 글을 문자로만 익힌 결과입니다.

교육을 통해 아무리 강조해도 되지 않는 일이 있습니다. 바로 '사람됨'입니다. 청렴 교육이 아니라 어려서부터 떳떳함과 당당함 그리고 염치를 가르치는 것이 옳습니다. 퇴계 선생과 허형 정도는 아닐지라도, 퇴근 후 자녀를 보면서 부끄럽지 않으면 그것으로 충분합니다.

나의 경험치가
세상 전부는 될 수 없습니다

蟪蛄不知春秋(혜고부지춘추): 매미는 봄가을을 알지 못한다.

『장자』에 나오는 말로, 식견이 좁음을 비유적으로 일컬은 것입니다. 매미는 여름 한 철 살다 죽으니, 살아 보지도 못한 봄가을을 알 수 없기 때문입니다. 개구리가 우물 안에 앉아 올려다보는 하늘이 하늘의 전부인 양 생각하는 것과 다를 바 없겠지요. 경험하지 못한 것은 가늠할 수조차 없습니다. '아는 만큼 보인다.'는 잘 알려진 말도 지적 경험의 중요함을 일깨운 것입니다.

『사기』에 형가(荊軻)라는 유명한 협객이 나옵니다. 형가는 진시황을 암살하러 갔다가 도리어 죽임을 당한 의협심이 강한 인물입니다. 연나라 태자 단(月)은 진시황을 죽이러 떠나는 형가를 연나라 수도가 있었던 북경에서 역수까지 배웅합니다. 태자 단은 진나라에 볼모로 가 있다가 진시황으로부터 모진 학대를 받고 도망쳐 왔습니다. 그러니 개인적인 원한이 오죽했겠습니까.

그 대목을 읽으면서 북경에서 역수까지의 거리를 나의 경험에 비추어 경복궁에서 한강 정도까지로 이해했습니다. 그것이 나의 경험치였기 때문입니다. 그러던 차에 북경에서 역수까지 가 볼 기회가 있었는데, 그곳에는 형가의 의협심을 기리는 '형가탑'이 있었습니다. 승용차로 두 시간 남짓 거리였습니다. 우리나라로 치면 서울에서 대전 금강 어귀까지의 긴 여정이었습니다.

경험한 바 없으니 경복궁에서 한강 정도로 거리감을 짐작한 것이 당연하지만, 실제로 그 길을 다녀와 보니 태자 단이 진시황에게 원한을 갚겠다는 의지가 얼마나 강렬했으면 그 먼 길을 배웅했겠나 싶기도 하고, 형가에게 거는 기대도 크고 예우 또한 극진했던 것이 이해가 되었습니다. 그제야 등장인물의 성향이 확연하게 드러나며 새로운 시각으로 글을 되짚어 볼 수 있었습니다.

경험하지 않은 것에 대해 쉽게 이야기를 해서는 안 되겠다고 다시 한번 생각했습니다. 이를테면, 주변에 보이스피싱과 휴대폰 해킹을 당한 사람의 이야기를 들으면서 "아니, 그 빤한 수법에 아직도 당한다니." 하고 코웃음도 치고 자신만만하게 비웃을 때도 있을 것입니다. 그러나 인간사에 장담할 일이란 아무것도 없습니다. 누구든 그 대상이 될 수 있기 때문입니다. 매미가 봄가을을 모르듯 우리에게도 매미처럼 경험하지 못한 세상일이 무궁무진합니다. 잘난 체 말고, 아는 체 말고, 겸손하게 살아야겠습니다.

교육을 통해 아무리 강조해도 되지 않는 일이 있습니다. 바로 '사람 됨'입니다. 청렴 교육이 아니라 어려서부터 떳떳함과 당당함 그리고 염치를 가르치는 것이 옳습니다. 퇴계 선생과 허형 정도는 아닐지라도, 퇴근 후 자녀를 보면서 부끄럽지 않으면 그것으로 충분합니다.

화려하지 않아도
마음을 크게 울리는 말이 있습니다

중국 산동성에 있는 맹묘(孟廟: 맹자의 사당) 안에 맹자 어머니의 위패를 모신 맹모전이 있습니다. 그곳에는 아주 큰 글씨로 母教一人(모교일인)이라고 쓰여 있는 비석이 있습니다. 1925년 이곳에 주둔했던 북양군벌 필서징(畢庶澄) 장군이 썼다고 합니다. 문화대혁명 때 홍위병에 의해 다른 유적은 모두 파괴되었으나 이 비석만 온전하게 보전되었습니다.

모교일인은 '어머니 교육의 일인자' 즉, 역사상 자녀 교육을 가장 잘하신 어머니란 뜻으로 맹모의 공덕을 칭송한 글입니다. '맹모삼천지교(孟母三遷之教)' '맹모단기(孟

母斷機)'를 통해 맹모가 자식을 위해 좋은 교육 환경을 마련해 주려 애쓰고 자식에게 단호한 가르침을 준 것을 우리는 익히 알고 있습니다.

보통 어떤 사람을 기리기 위해 온갖 미사여구를 동원하기 마련입니다. 그에 비해 모교일인은 간결해도 너무 간결하지만, 울림이 더욱 큽니다. 담고 있는 뜻이 넓고도 웅장합니다. 이보다 더 큰 찬사가 있을까요. 재미있는 점은, 이를 두고 또 다른 해석도 있다는 것입니다. '어머니는 한 사람만 가르치셨다.'라고 풀이하는 사람들도 있습니다. 원래의 뜻과는 상관없이 이 풀이도 신선합니다. 바로 그 한 사람이 만고의 스승이 되어 사람들에게 삶의 바른 길을 일러 주었고 2500여 년 동안 동양 사회의 정신적인 지주가 되었기 때문입니다.

위대한 사상가의 근저에 어머니의 지혜로운 가르침이 있었습니다. 한 어머니의 가르침이 동심원을 그리며 가정과 국가의 울타리를 넘어 동아시아 전역에 퍼진 것입니다. 간결하고도 웅장한 명구, 모교일인을 보며 가정에서 부모의 역할이 얼마나 중요한지 새삼 느낍니다. 자녀 교육의 바람직한 방향은 어떠해야 하는지 역시 되묻게 됩니다.

우리도 한석봉의 어머니, 율곡 이이의 어머니인 신사임당 등 훌륭한 어머니의 일화를 익히 알고 있습니다. 또한 잘 알려지지 않은 이름 없는 어머니도 많이 계셨고, 지금도 계실 것입니다. 그분들이 자녀를 잘 가르쳐 주신 덕에 지금 우리가 이만한 풍요로움을 누리고 있는지도 모르겠습니다. 이름 없는 모든 어머니께 모교일인, 이 글을 드리고 싶습니다.

진정 내 아이를 아끼고
사랑한다면

孟母斷機(맹모단기)는 '맹자 어머니가 베틀의 베를 끊었다.'는 뜻으로 학문을 중도에 그만두면 아무 소용이 없음을 나무란 것입니다. 機(기)는 베틀입니다. 그러므로 斷機(단기)는 베틀에 걸려 있는 베를 끊음을 의미합니다.

이야기는 이러합니다. 어느 날 객지에서 공부하던 어린 맹자가 집으로 돌아왔습니다. 맹모가 "학문이 어느 정도에 이르렀니?"라고 묻자 맹자는 "그럭저럭 합니다."라고 답했습니다. 그러자 맹모는 칼을 들어 베틀에 걸려 있던 베를 끊으며 "학문을 중도에 그만두는 것은 짜던 베를 끊는 것과 같다."고 엄하게 꾸짖었습니다. 맹자는 크게 깨닫고 학업에 정진했다는 이야기입니다.

맹모는 자식 교육을 위해 몇 차례 이사할 정도로 적극적인 어머니로 잘 알려져 있습니다. 베를 짜는 것이 보통 힘든 일이 아닐 텐데, 그 베를 거침없이 끊어 엄한 훈계를 했습니다.

어떤 부모라도 자식이 잘되기를 진심으로 바랍니다. 다만 방법이 다를 뿐입니다. 요즘 '헬리콥터 맘'이 아이 주변을 쉼 없이 돌고 있습니다. 자식 일에는 물불 가리지 않고 하나에서 열까지 챙기지만, 그렇다고 불공정한 짓까지 하지는 않습니다. 그것은 '해야 할 일'과 '해서는 안 될 일'을 구별할 줄 아는 염치와 양심이 있기 때문입니다.

긴 인생을 살아갈 자식에게 불공정한 방법을 일러 주는 것은 부모로서 해서는 안 될 일임을 많은 이들이 잘 알고 있습니다. 하지만 요즘 언론을 통해 접하는 학교 폭력 등의 소식이나 치열한 입시 경쟁 속에서 벌어지는 불미스러운 일들을 보면, 부모가 앞장서 일을 부추기며 "너만 잘살면 돼."라고 말하는 것 같아 씁쓸합니다. 남이야 어떻게 되든 편법으로 만들어 주었던 불공정한 사다리를 타고 오른 자식이 철이 들면 과연 부모를 자랑스러

위하고 고마워하겠습니까. 또 젊은이에게 나만 잘되기 위해서는 어떤 편법을 써도 문제될 것이 없다는 잘못된 인식을 심어 주면 과연 우리나라의 미래는 어떻게 되겠습니까.

한번 진지하게 생각해 보면 좋겠습니다. 자녀에게 행동으로 보여 준 올곧고 엄한 훈계, 혹은 공정을 해치고 불법을 저지르며 도움을 준 행위. 이 중 무엇이 진정으로 자식을 사랑하고 자식의 장래를 위하는 길일까요.

자기만의 힘으로
세상을 살아갈 수 있어야 합니다

倚閭之望(의려지망)은 『전국책』에 나오는 고사성어입니다. 倚(의)는 '기대다'이며 閭(려)는 '마을 어귀에 있는 문'입니다. 望(망)은 가까운 곳을 볼 때는 쓰지 않고 먼 곳을 바라볼 때 씁니다. 망부석(望夫石)은 많이 들어 보셨지요. 기약 없이 왜국으로 간 남편(夫)이 돌아오기를 기다리며 먼 바다를 바라보다가(望) 돌(石)이 되었다는 신라시대 박제상 부인의 이야기입니다. 자, 다시 성어로 돌아가 이야기를 계속해 보겠습니다. 의려지망은 아들이 아침에 나갔다가 늦도록 돌아오지 않으면 집 문에 기대어(倚門) 기다리고, 저녁에 나갔다가 돌아오지 않으면 마을 어귀 문에 기대어(倚閭) 이제나저제나 바라보며 기다렸다는 이야기에서 나온 성어로 '어머니의 간절한 자식 사랑'을 이릅니다.

부모와 자식 간은 천륜이니 부모의 무한한 자식 사랑은 지극히 당연합니다. 그러나 도에 지나치면 사랑이 아니라 독이 됩니다. 아이가 넘어지면 스스로 일어서게 놔두는 것이 아이를 위함입니다. 아이는 상처에 굳은살이 박이며 홀로 살아가는 법을 터득합니다.

그런데 지금은 "손" 하면 손을 주고, "앉아" 하면 앉는 반려 동물을 키우는 것도 아닌데 하나에서 열까지 참견하고 관리를 합니다. 자식의 행복 때문이라고 우기지만 자식에게 "무슨 일을 하면 행복하냐."고 물은 적은 단 한 번도 없습니다.

아이는 아이의 인생이 있습니다. 결코 부모의 액세서리가 아닙니다. 만 18세면 선거권과 피선거권이 있는, 국가가 인정한 '어른'임에도 성인 대접은커녕 한 사람의 온전한 책임을 다할 수 있는 기회조차 주지 않고 매사에 간섭을 하니 답답한 노릇입니다.

천년만년 살 수도 없는데, 부모가 세상을 떠나면 이 아이가 자기 힘으로 할 수 있는 일이 하나라도 있을까요. 아이 스스로 제 인생을 설계하고 헤쳐 나가도록 지켜보는 것이 진정으로 자녀를 위하는 길입니다. 의려지망의 보살핌이면 부모의 자식 사랑으로 충분하고도 넘칩니다. 그 정도에서 멈추는 것이 아이의 장래를 위해 좋지 않을까요.

모든 일이
돈으로 되는 것은 아닙니다

요즘 세상에 딱 들어맞는 말을 알려드릴까 합니다. 『전신론』에 나오는 성어입니다.

錢可使鬼(전가사귀): 돈은 귀신을 부릴 수 있다.

돈의 위력이 어마어마함을 이른 표현입니다 '돈으로 귀신에게 맷돌을 돌리게 할 수 있다.'는 중국 속담이 있습니다. 돈을 받고 맷돌을 돌리는 귀신의 모습은 상상만 해도 재미있습니다. 돈으로 귀신도 마음대로 부리는데 사람쯤이야 말할 것도 없겠지요. 바로 이것이 배금주의

(拜金主義)입니다.

이런 생각을 가진 사람이 걸핏하면 저지르는 짓이 '갑질'입니다. 돈으로 안 될 것이 없다고 여기는데 무슨 짓인들 못 하겠습니까. 세상을 떠날 때 가져갈 수 있는 것이 무엇인지 한 번쯤 생각해 보면 적어도 이런 짓은 하지 않을 것입니다.

인간사 모든 일이 돈으로 되는 것이 아닙니다. 돈의 위력으로 절대로 할 수 없는 일이 있으니 바로 사람의 마음. 이는 결코 돈으로 얻을 수 없습니다. 사람의 마음을 얻는 것은 물질적인 것이 아니라 상대방에 대한 진정한 마음과 믿음입니다. 이것은 돈보다 더 소중한 가치입니다. 그래서 세상이 이나마 돌아가고 있는지도 모르겠습니다.

모든 사람은 각자의 고유한 빛을
지니고 있습니다

尺有所短, 寸有所長(척유소단, 촌유소장)은 『전국책』에 나오는 말입니다. '尺(척)도 짧은 바가 있고, 寸(촌)도 긴 바가 있다.'로 '寸에 비해 긴 尺도 어떨 때는 짧고, 尺에 비해 짧은 寸도 어떨 때는 길다.'입니다. 10cm 막대보다 긴 10m 막대도 15m 막대와 견주면 짧습니다. 10cm 막대도 5cm 막대와 견주면 깁니다. 노자가 말한 장단상교(長短相較), 즉, 길고 짧은 것은 서로 비교하는 데서 나온다는 의미를 지닙니다.

　세상에 절대적인 기준은 없습니다. 긴 것(尺)도 더 긴 것을 잴 때는 짧고, 짧은 것(寸)도 더 짧은 것을 잴 때는 깁니다. 빈부(貧富), 고락(苦樂), 우열(優劣)도 그렇습니다. 모든 것은 상대적입니다.

부자도 더 부자 앞에서는 상대적으로 가난할 테고, 가난한 사람도 더 가난한 사람 앞에서는 상대적으로 부유한 편입니다. 학급 1등도 전교 1등보다 못하고 학급 꼴찌도 전교 꼴찌보다 낫습니다. 잘났다고 거들먹거릴 것도 없고 못났다고 기죽을 것도 없습니다. 남과 비교하면서 우쭐댈 것도 주눅 들 것도 없이 제 할 일 하면서 노력하면 되는 것입니다.

오늘 배운 명구는 '지혜로운 사람(人)도 일에 따라 어리석은 사람(者)보다 못하고, 어리석은 사람도 때에 따라 지혜로운 사람보다 낫다.'는 의미로도 쓰입니다. 모든 사람은 각자 지닌 장점이 있습니다. 절대적인 가치란 없습니다.

흙이 쌓여 산이 되듯,
차곡차곡 탐구하는 태도

탐구는 한자로 '探究'라고 씁니다. 探(탐)은 '찾는다', 究
(구)는 '연구하다'는 뜻입니다. 사물의 법칙이나 현상을
찾아보고 연구한다는 의미입니다. 어떤 일이든 세밀하
게 관찰하는 것이 중요합니다. 주마간산(走馬看山)처럼 건
성건성 사물을 보아서는 깊이 있는 지식을 얻을 수 없습
니다.

조선 중기 유명한 사상가인 화담 서경덕 선생의 일화
를 소개해 보겠습니다. 서경덕 선생은 어려서 집안이 몹
시 가난하여 어머니가 끼니때가 되면 산에 가서 나물이
라도 캐어 오라고 시키셨습니다. 그런데 어린 서경덕은

매일 나물도 적게 캐고 늦게 돌아오는 것이었습니다. 하도 이상해 어머니가 이유를 묻자, 서경덕은 "하루는 산에 가다가 새끼 종달새를 보았는데 이 종달새가 오늘은 한 치를 날고 다음 날은 두 치를 날고 또 다음 날 세 치를 날아오르는 것이었습니다. 어떻게 매일매일 조금씩 높이 하늘로 날아오르는지 관찰하느라 그랬습니다."라고 답했습니다.

먹고사는 것도 힘든 형편에 종달새가 하늘을 나는 이치를 아는 것이 무슨 도움이 되겠습니까마는 이것이 바로 '탐구'이며 스스로 깨쳐 얻으려는 태도입니다. 세상일이 어떤 법칙 속에서 이루어지고 있는지 끊임없이 탐구하는 자세가 서경덕 선생을 큰 학자로 성장하게 한 동력이었다고 생각합니다.

탐구 정신은 사람의 잠재적 능력을 향상시킵니다. 아무리 하찮은 현상도 다 나름의 법칙으로 움직입니다. 그 법칙을 찾다 보면 깊이 있는 사고를 하게 되는 것입니다. 이렇게 골똘히 궁리하는 과정을 거치면 남의 생각을 무조건 받아들이는 것이 아니라 자기만의 빛깔과 독자적인 시각으로 사물을 대하게 될 것입니다.

학창 시절 다양한 분야에 관심을 가지고 탐구하는 자세는 매우 중요합니다. 이러한 노력이 쌓이면 사고의 폭과 깊이가 넓고 깊어집니다. 그것이 인문학이든 자연과학이든 중요하지 않습니다. 인문학적 현상도 과학적 현상만큼 인류의 생활에 필요합니다. 정신을 살찌우는 인문학적 상상력과 생활을 풍요롭게 하는 과학적 창의력은 우리의 삶을 넉넉하게 해 줄 것입니다.

지난 몇 년간 우리는 코로나19라는 전혀 생각지도 못한 바이러스로 고통을 받았습니다. 우리만 그런 것이 아니라 전 세계 모든 사람이 힘든 나날을 겪어 냈습니다. 병을 치료하려면 과학의 힘이 절대적으로 필요하지만 아울러 정신적 고통을 위로해 줄 인문학적인 따뜻함도 필요함을 절실히 느꼈지요. 이 문제의 해답을 찾는 것도 다름 아닌 바로 탐구 정신입니다. '흙이 쌓여 산이 된다.'는 적토성산(積土成山)이라는 말처럼 앞으로도 우리의 삶을 넉넉하게 하는 길이 무엇인지 늘 탐구하는 자세로 하나하나 진지하게 임해야겠습니다.

경험하지 않은 것에 대해 쉽게 이야기를 해서는 안 되겠다고 다시 한 번 생각했습니다. 인간사에 장담할 일이란 아무것도 없습니다. 누구든 그 대상이 될 수 있기 때문입니다. 매미가 봄가을을 모르듯 우리에게도 매미처럼 경험하지 못한 세상일이 무궁무진합니다. 잘난 체 말고, 아는 체 말고, 겸손하게 살아야겠습니다.

안개가 걷히기를
바라는 마음으로

일이 풀리지 않고 막막하기만 할 때 흔히들 쓰는 표현으로 五里霧中(오리무중)이 있습니다. '5리나 되는 넓은 공간에 낀 짙은 안개 속'이라는 뜻으로 '무슨 일에 대하여 방향이나 갈피를 잡을 수 없다.'는 의미입니다. 짙은 안개가 끼면 사물을 바르게 구별할 수 없을 뿐 아니라 한 치 앞도 내다볼 수 없으니 눈을 감고 있는 것과 다름없습니다.

오리무중의 霧(무)는 안개입니다. '계획이 무산되었다.'는 말을 많이 들어 보았을 것입니다. 안개 정국도 앞을 전망할 수 없는 정치 상황을 이를 때 쓰곤 합니다. 여기에서 무산(霧散: 안개 무, 흩어질 산)은 안개가 끼었다가 어느새 흩어져 없어지고 마는 것처럼 어떤 일이 흐지부지 될 때 씁니다. 미궁(迷宮)도 오리무중과 같은 의미입니다. 迷(미)는 헤매다는 뜻입니다. 그리스 신화에 괴수 미노타우로스를 미궁에 가두었다는 이야기가 있습니다. 한번 들어가면 나오기 쉽지 않은 곳입니다. 위험한 자를 가두어 밖으로 나오지 못하게 만든 것입니다.

유원지나 수목원에 가 보면 식물 울타리로 만든 미로(迷路)를 종종 보곤 합니다. 우습게 생각하고 들어갔다가 다시 밖으로 빠져나오려면 애를 먹지요. 그래서 '미궁에 빠지다' 또는 '미로를 헤매다'라고 많이 씁니다. '오리무중' '미궁' '미로'는 모두 해결책을 찾지 못해 갈팡질팡하는 상태를 비유적으로 이릅니다.

요즘 들어, 음주 운전으로 인해 무고한 시민이 세상을 떠나는 안타까운 소식을 자주 접하게 됩니다. 새벽길 청소를 하던 환경 미화원이나 힘든 가정 형편에 도움을 주고자 배달 일을 나갔던 한 집안의 가장이 한순간 사고로 이런 일을 당하니 남겨진 가족들의 심정이 오죽하시겠습니까. 어쩌다 죽음에 이르게 되었는지 전후 사정이라도 알아야 가족의 참담한 마음이 풀릴 수 있을 텐데, 뺑소니로 도망을 가 버려 실체적 진실을 제대로 밝혀 내지 못하게 되니, 자칫 '미궁에 빠진 사건'이 될까 염려스럽습니다. 그야말로 오리무중입니다. 안개가 하루빨리 걷히기를 바랍니다.

그런데, 혹여 안개가 걷히지 않더라도 죄상은 언젠가 세상에 드러나게 됩니다. 천망회회(天網恢恢), 소이부실(疎而不失)은 『노자』에 나오는 글입니다. 天網(천망)은 '하늘의 그물', 恢恢(회회)는 '넓고 큰 모양', 疎(소)는 '성글다', 而(이)는 접속사입니다. 즉, '하늘의 그물은 넓고 커서 엉성하지만 놓치는 것이 없다.'는 뜻입니다.

하늘의 질서는 하도 광대하여 엉성한 것처럼 보일지 모르겠지만 한 치의 빈틈도 없이 운행합니다. 그래서 나쁜 짓을 한 자는 반드시 벌을 받습니다. 그물에 걸려 온갖 수를 써서 빠져나가려고 발버둥을 쳐 봤자 아무 소용 없습니다. "하늘에 죄를 지으면 빌 곳도 없다."(獲罪於天, 無所禱也)는 공자의 말씀이 그것입니다. '콩 심은 데 콩 나고, 팥 심은 데 팥난다.'는 속담처럼 뿌린 대로 거두며 살게 될 것입니다.

선친의 소중한 뜻을
기리기 위한 일

선친의 고향은 평양입니다. 광복 후 17세 때 대학 진학을 위해 혈혈단신 서울에 오셨다가 한국전쟁으로 가족들과 영원히 생이별을 하셨습니다. 일가친척 하나 없는 객지 생활이 어떠했는지 감히 짐작도 되지 않습니다.

다행히 정부에서 미국 연수를 보내 주어 귀국 후 한때 육군군수학교에서 재무관리 분야의 교수를 하다가 사회에 나와 작은 사업을 시작하셨습니다. 사업 자금을 도와줄 사람이 없으니 그야말로 적수공권(赤手空拳), 맨손 맨주먹으로 꾸려 갈 수밖에 없으셨습니다. 어찌 되었든 1980년대 새로 시작한 오폐수를 처리하는 탈수기 제작

사업이 환경 문제에 대한 사회적인 관심이 높아지면서 형편이 조금 나아졌습니다. 당시 누가 땅을 좀 사 두라고 권하면 "다 사정이 있어서 내놓았을 텐데, 나중에 땅값이 오른 것을 알면 그분 마음이 얼마나 안 좋겠느냐."며 생전에 땅 한 평 사지 않으셨습니다.

그러던 어느 날 저를 부르시더니 서울 근교에 '효(孝)공원'을 만들어야겠으니 검토해 보라고 말씀하셨습니다. 선친은 분단으로 부모님께 평생 효도 한번 못했으니 이렇게 해서라도 부모님에 대한 죄송함을 달래려는 마음이셨던 것 같습니다.

하지만 이 공원을 채울 마땅한 콘텐츠가 없었습니다. 효에 관한 한문 구절을 강의할 수도 없고, 그런 글귀를 벽에 써서 늘어놓을 수도 없으며, 그렇다고 효에 관한 옛이야기를 매번 강의할 수도 없었습니다. 이리저리 궁리 끝에 어려울 것 같다는 말씀을 드리니, 그러면 '효 애니메이션'을 만들자고 하셨습니다. 아이 한 명이라도 이것을 보고 효에 대해 느끼면 좋겠다고 하면서 초등학교 3학년 이전 학생들이 볼 수 있는 수준으로 하자는 말씀도 덧붙이셨습니다.

이유를 여쭈니 3학년 이전 정도가 되어야 애니메이

션을 보면 느끼는 것이 있을 테고, 인성 교육은 어려서 부터 하는 것이 중요하다는 말씀이셨지요. 알고 지내던 분이 EBS에 있어 찾아가 상의를 하니, 이런 일을 개인이 해서는 안 되고 국가가 도와야 한다며 교육부와 EBS가 같이 제작하자고 했습니다. 하지만 추진이 그리 쉽지 않아 독자적으로 하려고 알아보니 당시 1시간 분량의 애니메이션에 제작비만 십수 억이 든다는 것이었습니다. 아쉽지만 후일을 기약할 수밖에 없었습니다.

세월이 흘러, 몇 해 전 평소 건강하시던 선친이 갑자기 큰 병을 얻으셨습니다. 상황을 보니 견뎌 내시기가 어려울 것 같았습니다. 세상을 떠나기 10여 일 전쯤 선친께 그전에 하려다 못한 효 애니메이션을 만들면 어떻겠느냐고 여쭈니 환한 표정을 지으며 매우 좋아하셨습니다.

선친이 돌아가신 후 바로 이 일에 착수했습니다. 한 해 가까이 제작업체와 긴밀하게 상의하며 작업을 주고받은 끝에, 〈소년 어사 출두요!〉라는 효와 신의를 주제로 한 1시간 분량의 애니메이션을 만들었습니다. 선친 생전에 만들지 못한 것이 한스럽기는 하나 유지를 받들어 전국 6700여 개 초등학교와 소년원, 교도소, 해외 한

국문화원에 무상으로 보급했습니다. 지금도 이 애니메이션을 보고 선친 말씀대로 부모님에게 고마움을 느끼는 학생이 단 한 명이라도 있다면 선친의 소중한 뜻이 작게나마 실현된 것이 아닐까 생각합니다.

2

태도의 지혜를 발견하는,
쉼표

그간 평안하셨는지요

{2}

그간 평안하셨는지요?

제가 부임했을 때가 어제 같은데 벌써 학기 끝자락에 와 있습니다. 낯설고 힘이 들 때는 시간이 더디 가는 것 같은데, 지나 보면 세월은 어느덧 저만치 가 있습니다. 지난 학기 동안 학부모님께서 노심초사하신 일이 한두 가지였겠습니까? 아마 '자식이 원수'라는 자조적인 말씀을 하셨을지도 모르겠습니다. 공부를 잘하는 아이 집이나 그렇지 않은 집이나 모두 걱정거리가 있습니다. 공부 잘하는 집 부모님은 아무 걱정이 없을 거라

고 부러워하시는 부모님이 계실지 모르겠지만, 그런
집은 없습니다. 크건 작건, 심각하건 아니건 고민거리
는 다 있습니다.

　최근 벌어진 어느 고등학교 학생의 극단적인 선택
을 보면서 학부모님께서도 남의 일 같지 않아 가슴이
철렁하셨으리라 생각합니다. 저도 마음이 아려 오고,
'학교'와 '교직'에 대해 다시 한번 생각하게 되었습니
다. 그 학생이 어린 나이에 얼마나 많은 고민과 심적 고
통으로 괴로워했겠습니까? 우리나라 교육 현실도 개탄

스럽지만 도대체 학교는 왜 존재해야 하는지 근본적인
질문을 하게 되었습니다.

요즘 아이들을 보면 참 가엾다는 생각이 듭니다. 예전에도 그랬지만 쉴 틈 없이 공부하라는 부모님의 성화와 따가운 시선에 억눌려 영혼이 없는 사람처럼 지내는 것을 보면, 아무리 어쩔 수 없는 현실이라지만 아직 어린 학생들에게 가혹한 것 같습니다. 저는 학교만이라도 수업 이외의 시간에 아이들에게 '정신적 여유'와 '심리적 안정'을 갖게 하여 답답한 숨통을 잠시라도 트이게 해 주고 싶습니다.

이런 말씀을 드려 볼까 합니다.

내 아이가 공부를 못하는 것이 부끄러운 적이 있으셨는지요? 왜 그런 마음이 들었는지 생각해 보셨나요? 혹시, 내 체면이 손상되는 것 같아 그러신 것은 아닌가요? 친구는 아이가 공부를 잘해서 내 앞에서 신나게 자랑을 하는데 나는 뭔가, 라는 생각을 해 본 적은 있으신지요?

그런데 가만 생각해 보면 아이가 공부를 못한다고 왜 주눅이 들어야 하는지요? 한 인간에 대한 평가의 척도가 공부밖에 없을까요? 그것 말고도 얼마든지 크고 소중한 가치가 있습니다. 내 아이가 정직하고 배려 잘하고 따뜻한 공감 능력을 지녔다면 그보다 더 좋은 것이 있을까요? 이런 아이는 언제고 제 몫을 하고도 남을 것입니다.

먼 장래 누가 무엇이 될지 아무도 모릅니다.
인간사에 장담할 일은 아무것도 없습니다.
지금 못한다고 계속 못난 길로 가겠습니까?

학부모님의 학창 시절 동기들이 지금 무엇을 하고 있는지 보시면 사실 거기에 모든 답이 있습니다. 우리들의 인생이 성적순으로만 살아지던가요? 아이든 부모님이든 누군가 변해야 합니다. 그런데 저는, 부모님께서 먼저 변해야 한다고 생각합니다.
몸만 컸지 아직 정신적으로 미숙한 어린아이입니다. 말은 안 해도 아이들도 부모님만큼 힘이 들 겁니다. 그런데 힘이 들어도 기댈 곳도 마땅치 않습니다. 부모님 밖에 누가 더 있겠습니까. 등도 토닥거려 주시고 따뜻한 말씀과 환한 얼굴로 맞아 주시기를 바랄지도 모르겠습니다. 부모님의 따뜻한 말씀 한마디가 아이에게 큰 힘이 되고 위안이 되는 것입니다.

어떤 집은 아이가 게임에 빠져 공부도 게을리하고 놀 궁리나 하니 답답하실 겁니다. 더 화가 나는 것은 야단친다고 바뀌지도 않습니다. 그러나 평생 그리 사는 아이는 없습니다. 아직 서툰 데다 열정적으로 하고 싶은 일이 무엇인지 모르고, 인생의 목표를 정하지 못해 그러는 겁니다. 지금 당장은 어렵겠지만 다정한 말로 소통을 시작하면서 아이의 고민이 무엇인지 그리고 아이의 꿈이 무엇이든, 현실적 판단부터 하려 들지 말고 진지하게 들어 주시면 좋을 것 같습니다. 그 꿈이 무엇이든 칭찬해 주시고요. 꿈이 없다면, 왜 우리 아이만 목표 의식이 없는지 전전긍긍하지 마시고 차분히 기다려 주시지요. 아이들은 의외로 작은 칭찬에 감동합니다.

얼마 전 있었던 일입니다. 〈1학년 학부모님께서 아

들에게 주는 편지〉 행사에서, 무뚝뚝한 아버지인 줄 알았는데 아버지가 꾹꾹 눌러 쓰신 네 장의 손편지를 받아 보고 눈물을 흘린 학생 이야기를 들었습니다. 이 댁은 서로의 속마음을 확인했으니 모든 일은 화기애애하게 대화를 통해 잘 풀어 가겠지요. 부모님께서 먼저 다가가셔야 합니다. 다른 사람이 내 아이 흉을 보면 기분 나쁘시죠? 그건 내 아이를 사랑하기 때문입니다. 그런 사랑하는 마음으로 아이를 대해 보시면 어떨까요. 소통이 활발한 가정에서 긍정적이고 건강한 아이가 자랍니다. 길게 보고 차근차근 가시면 좋겠습니다.

힘은 긍정적인 마음에서 나옵니다.
긍정적으로 바라보시지요. 내 아이인데.

믿어 보시지요. 내 아이인데.
남이 뭐라 해도 내 아이인데.

어떤 아이가 제게 "공부를 못해서 부모님께 죄를 지

은 것 같아요."라고 하더군요. 그 말을 들으니 화도 나고 해서 "네가 무슨 죄를 졌는데?" 되물었습니다. 최선을 다하지 않았다면 반성해야 할 일이지, 아이가 지은 죄는 없습니다. 학부모님께서는 모르시겠지만 아이들은 이런 심정으로 살고 있습니다.

덴마크 부모들은 자식의 연봉이나 직장의 안정성을 걱정하지 않고 아이가 열정을 가지고 행복하게 할 수 있는 일을 스스로 찾을 수 있을까를 걱정한다고 합니다. 우리도 언젠가 이런 세상이 오겠지요?

얼마 전 버스에서 3학년 학생을 만나 이런저런 이야기를 나누다가 "부모님께 짜증 내지 마라. 부모님은 너희들보다 더 힘드시다."고 했더니 빙긋이 웃더군요. 자식들도 자신이 한 행동이 옳은지 그른지 다들 알고 있습니다.

힘내시기 바랍니다.

나중에 옛말하며 지내는 날이 반드시 올 겁니다.

첩첩산중에서 한 고개 한 고개 잘 넘고 있다고 학부모님 자신을 칭찬해 주시길 바랍니다. 칭찬받으실 자격이 충분하고도 넘치십니다. 건강 유의하시기 바랍니다.

2021년 7월 5일
교장 이명학 드림

내가 하기 싫은 일은,
남들도 싫어합니다

대학에서 강의하던 시절, 『논어』에 나오는 공자 말씀 중 학생들에게 자주 소개한 글귀가 있습니다.

己所不欲, 勿施於人(기소불욕, 물시어인): 내가 하고 싶지 않은 일을 다른 사람에게 시키지 말라.

나의 편함만 생각하지 말고 다른 사람의 입장이 되어 보라는 것입니다. 살아가는 데 무척 중요한 덕목이자 가르침, 배려에 관한 이야기입니다.

요즘 우리 사회에서 스스로 우월한 지위에 있다고 생

각한 사람들이 벌인, 이른바 갑질은 도를 넘었습니다. 어쩌다 우리 사회가 이리 되었을까요. 부끄럽지만 이는 남의 일만이 아니라 모두의 자화상입니다. 사람과 사람 사이에 사다리를 놓고 자기보다 낮다고 여겨지는 이들을 함부로 대하는 태도, 무례하게 굴어도 '나는 괜찮다.'는 생각, 억울하게 손해 보는 것보다는 이기적인 것이 낫다는 판단. 여기에 '돈이면 무엇이든 된다.'는 천민자본주의 발상까지, 우리를 우울하게 하는 일들이 도처에서 벌어지고 있습니다.

배려는 다른 사람에 대한 존중입니다. 오래전 담배를 피우던 시절엔 길을 걸으며 담배를 피우는 것이 작은 즐거움이었습니다. 그러다가 담배를 끊고 나서 길을 걷다 보니 앞에서 날아오는 담배 연기 냄새가 역겨워 더 이상 참지 못하고 길을 건너가거나, 빠른 걸음으로 앞질러 가기도 했습니다. 예전에 내 뒤를 따라 걷던 사람들은 오죽했을까요. 돌이켜 보면 미안하기만 합니다. 그 당시에는 그런 생각조차 해 보지 못했습니다.

익히 알려져 있듯, 부탄은 세계에서 가장 가난하지만 국민 행복지수는 세계 최고입니다. 서로 배려하고 부지런히 소통한 결과라고 하지요. 행복은 결코 물질적 풍요에서만 오는 것이 아닙니다. 역지사지의 자세로 타인을 돕고 마음을 헤아리는 문화가 자연스럽게 자리 잡으면 좋겠습니다.

내 삶의 기준은 남이 아닌
나에게 있습니다

西施矉目(서시빈목)은 '서시가 눈을 찌푸린다.' 즉, '덮어
놓고 남을 흉내 내는 어리석음'을 비판한 성어로, 『장
자』에 실려 있습니다. 서시는 초선, 왕소군, 양귀비 등과
함께 중국 4대 미인으로 알려져 있습니다.

　서시와 얽힌 '침어(沈魚)'라는 말이 있습니다. 물고기
가 아름다운 서시를 보고는 헤엄을 치지 못하고 그대로
물속으로 가라앉았다는 데서 유래합니다. 하루는 서시
가 가슴앓이 통증으로 눈을 찌푸렸는데 그 모습도 예뻤
습니다. 그러자 못난 여자가 서시처럼 눈을 찌푸리고 다
녔는데 이를 본 사람들은 아예 다른 마을로 이사 가거나

문을 닫아걸고 나오지 않았다는 이야기입니다.

한단지보(邯鄲之步)도 비슷한 의미입니다. 조나라 수도인 한단에 가서 한단 사람의 우아한 걸음걸이를 배우려던 청년이 걸음걸이는 배우지도 못한 채 본래의 걸음걸이를 잊어버리고 기어서 돌아왔다는 내용입니다. 겉으로 보는 모습이 부러워 무조건 흉내 내다가 낭패를 본것입니다.

'남의 떡이 커 보인다.'는 말처럼 남의 것이 좋아 보인다고 결코 내 것이 될 수는 없습니다. 그것을 갖겠다고 마음을 끓인들 무엇 하겠나요. 잡되고 허황한 생각만 들 것입니다.

얼마 전 서울로 오는 고속도로가 정체되어 시간이 오래 걸렸는데, 값비싼 외제차와 앞서거니 뒤서거니 함께 서울까지 왔습니다. 고급 차가 좀 더 편안하겠지만 그렇지 않은 차도 서울로 오는 것은 똑같습니다. 내 차보다 못한 차도 있습니다. 인생도 그런 것 같습니다. 경제적으로 풍요롭든 그렇지 않든 한 인생 살아가는 것이니까요.

부러워한다고 바뀌는 것도 없는데 그걸 가지려다 자칫 잘못하면 '서시를 흉내 내던 여인'이나 '걸음걸이를 배우려던 청년'처럼 패가망신합니다. 중국 속담에 '어느 집이고 말 못 할 속사정이 책 한 권은 된다.'는 말이 있습니다. 부유한 사람도 그렇고 다들 그러고 삽니다.

겉으로 보기에 그럴듯하다고 무턱대고 부러워하지 말고 내 삶에서 작더라도 행복했던 일이 무엇인지 떠올리며 충만한 마음을 갖는 것이 정신건강에도 좋습니다. 괴테의 『젊은 베르테르의 슬픔』에 '저기 보이는 산이 좋아서 가 보니 거기가 여기'라는 대목이 있습니다. 무슨 생각을 가지고 어떻게 사느냐가 중요하겠지요.

무엇이든 꾸준히
계속해 나가는 것이 중요합니다

愚公移山(우공이산)은 '우공이 산을 옮긴다.'는 뜻으로 '무슨 일이든 꾸준히 열심히 하면 언젠가 반드시 이룰 수 있다.'는 의미입니다. 『열자』에 나오는 말입니다. 초등학교 교과서에 실릴 정도로 중국 사람이면 누구나 다 아는 성어입니다. 중국인의 국민성을 대표하는 이야기로도 알려져 있는데, 좀 더 내용을 살펴보겠습니다.

어느 날, 아흔 살이 된 우공은 집 앞에 있는 두 산이 걸리적거린다는 생각이 들자 옮기기로 결심합니다. 산의 흙을 퍼 담아 짊어지고는 멀리 떨어진 바닷가에 버리고 돌아옵니다. 그 여정은 족히 며칠이 걸렸습니다. 이

일을 계속하자 이웃 사람은 조롱하듯 우공에게 "나이가 몇인데, 그래서 언제 다 옮기겠어요?" 하고 묻습니다.

그러자 우공은 "내가 하다 못하면 내 자손들이 이어서 할 거야. 산은 유한하고 내 자손은 대대로 이어 끝이 없지."라고 했습니다. 이 말을 들은 옥황상제가 저러다 산이 모두 없어지겠다는 생각에 옮겨 주었다는 이야기입니다.

중국의 모택동 주석은 1945년 제7차 인민대표자 회의에서 우공이산을 예로 들면서 "우공이 옮기려 했던 두 산은 비유하자면 우리 앞에 놓여 있는 제국주의와 봉건주의이다. 우리가 이 두 가지를 없애려고 노력하면, 옥황상제가 감복해서 두 산을 옮겨 주었듯이 우리 인민들이 적극적으로 도와줄 것이다. 우리도 우공처럼 열심히 하자."고 말했습니다. 당시 무지한 인민대표자들에게 쉽게 이해할 수 있는 기막힌 예를 찾아 메시지를 정확하게 전달했습니다. 우공이산은 어떤 일이든 꾸준히 계속하면 이룰 수 있다는 교훈을 줍니다.

『노자』에 나오는 말을 나누며 이번 글을 마무리하고 싶습니다.

飄風不終朝, 驟雨不終日(표풍부종조, 취우부종일)

'회오리바람은 아침 내내 불지 않고, 소나기는 종일 내리지 않는다.'는 뜻입니다. 갑자기 급하게 몰아쳐서 하는 일은 지속성이 없습니다. 아무리 벼락치기를 해 봐도 매일 꾸준히 하는 사람을 이길 수 없습니다. 누에가 뽕잎을 언제 다 먹나 싶은데 얼마 뒤 가 보면 잎줄기만 앙상하게 남아 있습니다. 그야말로 '잠식(蠶食)'인 것이지요. 세상일도 멀리 보고 차근차근 끈기 있게 가야겠습니다.

험담 대신 미담을 나누면
좋겠습니다

隱惡揚善(은악양선)은 『중용』에 나오는 공자 말씀입니다.
'악'과 '선'은 단번에 이해가 될 테니 다른 두 한자를 보
도록 하겠습니다.

- 隱(은): 가리다. 숨기다.
  → 隱蔽(은폐) / 隱匿(은닉)
- 揚(양): 드러내다. 날리다.
  → 宣揚(선양: 국위를 선양하다)

그러므로 은악양선은 '나쁜 점은 가려 주고 좋은 점

을 드러내다.'입니다. 공자는 순임금을 '큰 지혜가 있는 분'이라고 높이 평가하며 이 말을 했습니다.

　사람은 누구나 장단점이 있습니다. 그런데 단점만 자꾸 들추어 이야기하면 듣는 사람은 기분이 상할 뿐 아니라 자존감만 낮아지고 효과도 없습니다. 이른바 '지적질'입니다. 한두 번도 아니고 계속 지적질을 하면 급기야 짜증도 내고 반발도 하게 됩니다. 그런데 좋은 점을 찾아 자꾸 칭찬해 주다 보면 나쁜 점이 자연스레 사그라질지도 모르겠습니다. 차분하고 긍정적인 태도로 사람을 변하게 하는 것입니다. 공자께서 "순임금은 큰 지혜가 있는 분이다."라고 한 것은 바로 이 때문입니다.

　자녀 교육도 그러합니다. 허구한 날 부모 눈에 거슬리는 행동을 지적하면 잔소리라 생각하여 고쳐질 리도 없고 부모 자식 사이에 감정의 골만 깊어질 뿐입니다. 차라리 두 눈 꽉 감고 아이가 잘한 것만 격려하고 칭찬해 보면 어떨까요. '칭찬은 고래도 춤추게 한다.'는 말이 괜히 있는 것이 아닙니다. 아이들은 잘한 일에 관심을 가져 주면 올바른 행동을 더 많이 하게 됩니다. 시간이 걸리겠지만 칭찬을 하면 자존감도 높아지고 스스로 잘못을 알고 반성하게 될 것입니다. 더디더라도 자신의 힘으로 깨닫도록 기다려 주는 편이 좋습니다.

이 세상에는 언행이 좋지 않은 이들도 참 많습니다. 어떤 사람은 그들을 비난하거나 바로잡으려고 애를 쓸 것이 아니라 좋은 사람을 찾아 칭찬하다 보면 나쁜 사람들이 보고 느끼게 되어 저절로 줄어들 것이라고 하는데, 사실 쉬울 것 같지는 않습니다. 아흔이 넘은 퇴계 선생 16대 종손 이근필 옹께서 세상이 맑아지기를 기원하며 '남의 흉이나 허물은 입에 올리지 말고(隱惡) 미담이나 선행을 드높이자(揚善).'는 은악양선 운동에 열과 성을 다하고 계십니다. 부디 그런 세상이 되면 좋겠습니다.

실패가 두렵나요,
아니면 도전이 두렵나요

九折臂而成醫(구절비이성의)는 초나라의 문인인 굴원(屈原)이 한 말입니다. 어떤 내용을 담고 있을까요? '아홉 번 팔이 부러지고서 의사가 된다.'로 '여러 차례 팔이 부러져야 훌륭한 의사가 된다.'는 의미입니다. 팔이 여러 번 부러지는 부상을 당하면 스스로 치료 방법을 자연스레 터득하게 되듯, 풍부한 경험을 통해 그 방면에 조예가 깊어진다는 것입니다. 실패를 겪으면서 그 경험을 통해 끝내 성취를 얻게 됩니다. 실패도 소중한 자산인 셈입니다.

'실패는 성공의 어머니'는 에디슨이 자신이 겪었던 경험을 표현한 말입니다. 계속되는 실패에 굴하지 않고 왜 실패하게 되었는지 그 원인을 면밀히 살펴보고 분석하면 성공으로 가는 길이 보입니다. 한 번의 실패로 절망하고 좌절하면 정말 패배자가 되고 맙니다. 무슨 일이든 단 한 번에 성공하는 사람은 세상에 없습니다. 자동차와 비행기도 반복된 실패에도 오랜 세월 끊임없이 도전한 성과입니다.

실패가 두려워 도전을 하지 않거나 한 번 실패했다고 기가 꺾여 넋을 놓아 버린다면 이룰 수 있는 일이란 아무것도 없습니다. 무수한 시행착오를 겪으면서도 결코 좌절하지 않고 다시 도전하는 자세가 성공을 이끄는 동력입니다. 살아가면서 마주하는 모든 일이 그러합니다.

내 마음을 지켜 내기가
가장 어렵습니다

오늘 소개해 드릴 명구는 猛石可裂, 不可卷(맹석가열, 불가권), 당나라 때 문인 이조위(李翰威)가 한 말입니다. '단단한 돌은 쪼갤 수는 있으나 말 수는 없다.'로 '의지와 기개가 확고한 사람은 결코 꺾을 수 없다.'는 의미입니다. 돌은 부술 수는 있으나 무슨 짓을 하더라도 결코 돌돌 말 수는 없습니다.

기개 있는 의사(義士)는 비굴하게 시류에 영합하거나 사사로운 이익 때문에 대의를 버리지 않습니다. 허다한 고통과 시련을 겪더라도 초지일관 꿋꿋하게 지켜 냅니다.

무엇인가 하고자 하는 큰 뜻을 세웠다면 어떤 압력과

유혹에도 굴하지 말아야 합니다. 그러나 그것이 바른 길인 줄 잘 알면서도 세상을 살다 보면 지켜 내기가 쉽지 않습니다.

주변에서 싫은 소리를 듣거나 사람들의 비난을 받으면 초라하게 한없이 작아져 거대한 파도에 휩쓸리는 것 같기도 하고 높다란 바위에 달걀을 던지는 것 같기도 합니다. 심지어 애당초 뜻을 잘못 세운 것은 아닌지 의구심이 생기기도 할 것입니다. 세상살이가 참 어렵습니다.

힘에 겹고 지쳐서 적당히 타협하고 말 것이라면 차라리 시작하지 않음만 못합니다. 항상 '단단한 돌(磌石)'을 떠올리며 초지(初志)를 다지고 각오를 새롭게 해야겠습니다. 내가 단단하면 외부로부터의 타격이나 상처가 그리 크게 와닿지 않을 것입니다. 아주 단순하지만 분명한 사실, 나로부터 이 세상이 존재한다는 점을 되새기며 튼튼하게 '나'를 지켜 나가면 좋겠습니다.

겉으로 보기에 그럴듯하다고 무턱대고 부러워하지 말고 내 삶에서 작더라도 행복했던 일이 무엇인지 떠올리고 충만한 마음을 갖는 것이 정신건강에도 좋습니다. 괴테의 『젊은 베르테르의 슬픔』에 '저기 보이는 산이 좋아서 가 보니 거기가 여기'라는 대목이 있습니다. 무슨 생각을 가지고 어떻게 사느냐가 중요하겠지요.

말의 무게가
가볍기만 해서는 안 되겠지요

『논어』에 나오는 공자의 제자 자공(子貢)의 말로 시작해 보겠습니다.

駟不及舌(사불급설): 네 마리 말이 끄는 수레도 혀에 미치지 못한다.

아무리 빠른 수레도 입에서 나온 말을 따라잡지 못한다는 뜻입니다. 한번 내뱉은 말은 네 필의 말이 끄는 엄청난 속도의 수레로도 쫓아가 붙들지 못합니다. '말(馬)'은 '말(言)'을 도저히 따라잡지 못합니다. 그러니 자나 깨나 말을 조심해야 합니다. 유언비어(流言蜚語)의 蜚(비)는 飛(비)와 같은 뜻입니다. 산불의 불티처럼 걷잡을 수 없이 날아다니는데, 어떻게 따라잡겠습니까.

발 없는 말은 천 리도 갑니다. 아무리 "너만 알고 있어."라고 해도 얼마 안 되어 다들 압니다. 요즘처럼 SNS가 발달한 세상에서는 천 리 정도가 아니라 삽시간에 전 세계로 퍼져 나갑니다. 아무리 오랜 관계였을지라도 한순간 사이를 멀어지게 만드는 것도 '말'이고 없던 인연을 생기게 하는 것도 '말'입니다. '가는 말이 고와야 오는 말이 곱다.'는 속담이 괜히 있겠습니까. 자기가 한 대로 되받는 법입니다. 동서양을 막론하고 '입조심하라.'는 격언은 예로부터 셀 수 없을 정도로 많습니다. 그만큼 말 때문에 벌어진 일이 한둘이 아니었나 봅니다.

이 세상에 내가 가진 것만
소중할 수는 없습니다

自私自利(자사자리)는 송나라 때 정이(程頤)의 『이정어록』에
나오는 말입니다.

　自私(자사)는 '자신의 사욕'이며, 自利(자리)는 '자신의
이익'입니다. 즉, '지나치게 이기적으로 자신의 이익만
을 생각함'입니다. 원래 자신의 해탈만을 위해 수행하는
소승불교를 비판하려고 한 말이었으나 후에 사리사욕에
빠진 사람을 이르는 말로 쓰였습니다.

　『맹자』에서 양주(楊朱)는 자신의 머리카락 한 올을 뽑
아 천하가 이롭게 된다고 하더라도 뽑지 않겠다고 했습
니다. 극단적 이기심입니다. 한 개인의 이기심은 공동체

를 위태롭게 하며, 한 국가의 이기심은 인류를 위기에 빠뜨릴 수 있습니다. 이른바 '탄소 중립'을 거부하고 자국의 이익만을 고집하는 나라 때문에 그로 인한 폐해는 결국 지구에 존재하는 모든 생명체에게 고스란히 돌아갑니다. 지금도 이상기후로 수많은 사람이 고통을 겪고 있으니 말입니다.

사람은 혼자서 살 수 없는 사회적 존재입니다. 현생 인류인 호모사피엔스가 이처럼 거대한 인류문명을 이룬 것도 공감과 배려 그리고 협동심이었습니다. 다른 사람의 입장을 공감하고 배려하며 양보하는 이타적인 정신이 오늘의 문명을 가능케 한 것입니다.

바둑이나 장기 두는 곳에 가면 옆에서 훈수 두는 사람이 꼭 있습니다. 그런데 훈수 두는 사람은 급수가 낮음에도 다른 이의 수를 기막히게 봅니다. 그것은 기필코 이기겠다는 욕심이 없기 때문입니다. 승부에 초연하니 마음은 맑아지고 좋은 수가 눈에 들어오는 것입니다.

인생도 그런 것 같습니다. 너무 이기적으로 내 잇속만 챙기면 삶이 왜곡됩니다. 남이야 어찌 되든 말든 나만 잘살면 된다는 생각은 세상을 혼탁하게 만듭니다. 내 자식이 귀하면 남의 자식도 귀하고, 내 가족이 소중하면 남의 가족도 소중한 법입니다. 어찌 내 것만 귀중하겠나요. 이기적인 생각을 놓아 버리면 마음도 편해지고 이제껏 보지 못했던 새로운 길도 보이겠지요.

말로 다친 상처는
쉽게 아물지 않습니다

오늘은 송나라 왕안석(王安石)이 했던 말을 전해드리겠습니다.

臨行而思, 臨言而擇(임행이사, 임언이택): 행동을 할 때 생각을 하고, 말을 할 때 가려서 한다.

즉, 많이 생각하고 신중히 말하라는 의미입니다. 시비의 발단은 상식에서 벗어난 비이성적이거나 경솔한 판단 때문에 벌어집니다. 감정을 앞세운 행동이나 말의 대가는 바로 되돌아옵니다. 특히 감정을 다 쏟아 퍼붓는

말이나 글은 처음에는 시원하게 느껴지겠지만 얼마 못
가 정신을 차리고 나면 후회막급입니다. 주워 담을 수도
없습니다. 말이야 하고 나면 없어지지만 글은 어쩔 것인
가요. 뒤늦게 수습하려고 해 봐야 늦었다는 생각뿐이겠
지요.

　행동을 할 때는 의(義)에 맞는 것인지, 남에게 피해를
주는 것은 아닌지 신중히 따져 보아야 합니다. 널리 멀
리 보지 않고 당장 눈앞에 이익만 보고 행동하다가는 망
신을 당하고 낭패도 봅니다. 『논어』에도 '세 번 생각하
고 행한다.(三思而後行)'는 말이 있습니다. '화는 입으로부
터 나온다.' '입은 화를 부르는 문이다.'라는 말처럼 선
현들은 입조심을 신신당부했습니다. 이보다 더 강력한
인상을 주는 말도 있습니다. '사람은 입에 도끼를 물고
태어난다.'는 표현인데, 어찌나 무겁게 다가오는지요.
칼에 베인 상처는 아물지만, 말로 다친 상처는 아물지
않습니다. 못마땅한 생각에 무심코 던진 부모의 말 한마
디가 자녀에게는 평생 아물지 않을 마음의 상처가 될 수
있습니다.

나에게 관대한 만큼
남에게도 관대한 태도

조선시대 어린아이들이 배우던 『소학』에 이런 말이 있습니다.

常以責人之心 責己, 恕己之心 恕人(상이책인지심 책기, 서기지심 서인): 항상 남을 꾸짖는 마음으로 자기를 꾸짖고, 자기를 용서하는 마음으로 남을 용서하라.

자기 자신에게는 한없이 관대하면서, 다른 사람의 잘못에는 목청 높여 사정없이 나무라는 사람들이 있습니다. 어떻게 시시콜콜한 것까지 헤집고 들어가 따지는지 신기합니다. 옛일까지 끄집어 내어 타박합니다. 그런데 자기가 잘못을 저질러 지적을 받을 때는 하나하나 자기 합리화를 하며 빠져나갑니다. 자기 잘못이 아니라 상황이 어쩔 수 없어 그랬다고도 하고, 다른 사람 때문이라고도 하면서 갖은 핑계를 댑니다. 자기 잘못은 하나도 없습니다.

이래서는 안 될 테지요. 내가 잘못을 저질렀을 때는 남의 잘못을 지적하고 나무랄 때처럼 냉정하게 스스로를 꾸짖고, 다른 사람이 잘못을 저질렀을 때는 나를 합리화하여 용서하듯 그 사람의 처지가 되어 생각해 보고 보듬어 주어야 합니다. 다른 사람까지 갈 것도 없이 내 가족부터 시작해 보면 어떨까요.

널리 알려진 待人春風, 持己秋霜(대인춘풍, 지기추상)이 비슷한 내용입니다. '남을 대할 때는 봄바람처럼 포근하고 따사롭게 하고, 내 몸가짐은 가을 서릿발처럼 엄하게 하라.'는 의미입니다.

대인춘풍, 지기추상을 검색하면 모두 『채근담』에 실려 있다는데 『채근담』에는 이런 글이 없습니다. 누군가 『채근담』이라고 하니 그 뒤로 모든 사람이 확인하지도

않고 따라 쓴 것입니다. 이 글을 처음 쓴 분은 박정희 전
대통령입니다. 1976년 신년 휘호로 썼는데 내용이 좋다
보니 다른 사람들이 따라 썼고 누군가 출전을 『채근담』
이라고 꾸며 낸 것입니다.

또한 學問 如逆水行舟, 不進則退(학문 이여수행주, 부진즉
퇴: 학문은 물을 거슬러 올라가는 배와 같아서 나아가지 않으면 뒤로 물러
나게 된다.)도 누군가 출전을 『논어』라고 하니 그 후 모든
사람이 『논어』라고 했습니다. 심지어 한문 교과서에도
이 글을 인용하면서 『논어』라고 했습니다. 하지만 이 글
은 청나라 정치가 좌종당(左宗棠)이 한 말로 그 후 주은래
(전 중국 총리)가 인용하기도 했습니다. 『논어』와는 아무 관
련이 없습니다.

불가능과 가능은
한 끗 차이일지도 모릅니다

人一己百(인일기백)은 『중용』에 나오는 말로 '남이 한 번 하면 나는 백 번 한다.'는 뜻입니다. 원문은 人一能之, 己百之(인일능지, 기백지) 人十能之, 己千之(인십능지, 기천지)로 '남이 한 번에 잘하면 나는 백 번을 하며, 남이 열 번에 잘하면 나는 천 번을 한다.'입니다.

어떤 사람이 능력이 뛰어나 한 번에 성공했다면 나는 백 번을 해서라도 이루고야 말겠다는 자세로 임해야 합니다. 하지 않겠다면 그만이지만 하겠다고 마음을 굳혔다면 젖 먹던 힘까지 다해야 합니다. 일이 어그러지더라도 누구 탓 말고 노력이 부족했음을 반성해야 합니다.

이 탓 저 탓 온갖 말을 다 하지만 모두 핑계일 뿐일지도 모릅니다.

조선 중기 때 문인인 김득신은 재주가 둔했던 모양인데 이를 극복하기 위해 『논어』를 3천 번 이상 읽고 『사기』에 실린 「백이열전」을 무려 11만 번 이상 읽었다고 합니다. 피나는 노력이 결국 그를 훌륭한 문장가로 만들었습니다. 그는 "학업에 힘쓰는 자는 재주가 남만 못하다고 스스로 한계를 짓지 마라. 나보다 더 둔한 사람도 없겠지만 나는 끝내 이룸이 있었으니 이는 힘쓰는 데 달렸을 뿐이다."라고 했습니다. 끈질기고 성실한 노력으로 둔한 재주를 넘어선 것입니다.

낙수천석(落水穿石)이라는 성어가 있습니다. '떨어지는 물방울이 돌을 뚫는다.'는 의미입니다. 처마에서 떨어지는 하잘것없는 자그마한 물방울이 단단한 돌을 뚫어 버리고 맙니다. 부단한 노력으로 못할 일이란 없습니다. 불가능할 것 같은 일도 언젠가 이루어집니다.

묵묵히 때를 기다리는
마음의 여유도 필요하겠습니다

三年不蜚(삼년불비)는 『사기』에 나오는 말로 '3년 동안 날지 않았다.'는 의미입니다. 어떤 맥락에서 비롯되었는지 알아보겠습니다. 초나라 때, 왕이 3년 동안 아무 일도 하지 않고 놀기만 하자 한 신하가 왕에게 묻습니다.

"언덕에 새가 한 마리 앉아 있는데 3년 동안 날지도 않고 3년 동안 울지도 않는데 무슨 새인가요?"

무위도식하는 왕을 비꼰 것입니다. 왕의 대답이 걸작입니다.

"오랜 세월 날지 않았으니 한번 날기만 하면 하늘 높이 날아오를 것이고, 오랫동안 울지 않았으니 한번 울기만 하면 사람을 놀래킬 것이다."라고 답했습니다.

즉, 삼년불비는 '인내하면서 실력을 길러 큰 뜻을 펼칠 날을 기다리는 것'을 비유하는 성어로 '후일에 웅비할 기약을 하다.'입니다.

뜻을 펼칠 때가 되면 그때 세상 밖으로 나오는 것입니다. 적어도 큰 그릇이 되려면 3년이 아니라 10년이라도 은인자중 훗날을 기약하며 뜻을 키우는 것이 옳습니다. 사람들에게 잊힐까 조바심이 나서 촐싹거리며 날갯짓을 할 게 아니라, 언젠가 웅대한 포부를 펼치겠다는 신념으로 날개를 접고 웅크리고 앉아 묵묵히 그릇을 키우는 인내가 필요합니다. 그래야 때를 만나면 하늘 끝까지 박차고 날아오를 수 있습니다.

사람과 사람 사이에 사다리를 놓고 자기보다 낮다고 여겨지는 이들을 함부로 대하는 태도, 무례하게 굴어도 '나는 괜찮다.'는 생각, 억울하게 손해 보는 것보다는 어거적인 것이 낫다는 판단. 여기에 '돈이면 무엇이든 된다.'는 천민자본주의 발상까지, 우리를 우울하게 하는 일들이 도처에서 벌어지고 있습니다.

극단에 치우치는
소모적 전쟁을 멀리한다면

연암 박지원이 쓴 『광문자전』은 조선 후기 한양에 실존했던 거지를 주인공으로 한 작품입니다.

작품의 주인공 '광문'은 입이 커서 두 주먹이 들랑거릴 정도로 추하게 생겼으나 신용 하나는 양반들도 인정하는 특이한 인물이었습니다. 또한 마흔이 넘도록 여태 총각이었습니다. 사람들이 장가를 들라고 권하면 "미색(美色)을 다들 좋아하는데, 남자만 그런 게 아니고 여자들도 마찬가지요. 나는 못생겼으니 누구의 마음도 끌 수 없지."라고 했습니다. 남성 중심의 권위적인 사회에서 봉건 예속의 굴레에 있던 여성의 인격과 감정을 긍정한 것입니다. 연암은 광문의 입을 빌려 여성도 남성과 같은 감정을 소유하고 있음을 말하고 싶었던 듯합니다.

그러고 보니 몇 해 전 이슈가 되었던 일이 떠올랐습니다. 2021년, 도쿄올림픽에 출전했던 한 여성 선수의 '쇼트커트'가 논쟁거리가 되었습니다. 이른바 페미니스트 논쟁이었는데, 이는 논쟁을 넘어 '여혐'이니 '남혐'이니 상대를 뭉개 버리겠다는 극단적 용어까지 난무하는 상황에 이르렀습니다. 왜 이렇게까지 서로를 끝까지 몰아세우고 밀어붙이며 날을 세울까 싶었습니다. 한데, 이를 해결해야 할 정치인마저 이해득실에 따라 편승하고 호도하고 있으니 더 답답한 노릇이었습니다.

대략 100년쯤 전의 일입니다. 1924년, 중동학교에 황육진이라는 여학생이 남장을 하고 몰래 다녔는데, 체육시간에 옷을 갈아입다 발각이 된 일이 있었습니다. 당시 신문에서 이 일을 크게 다룰 정도로 장안의 화제였습니다. 이 학생은 머리를 박박 깎고 등교했는데 적발된 뒤에도 "죽어도 중동학교에서 죽겠다."고 고집을 부리는 통에 학교 관계자들이 적잖이 애를 먹었다고 합니다. 그냥 공부가 하고 싶어서 그랬다고 하니, 순박한 의도에

할 말도 없었을 것입니다. 페미니스트 논쟁을 일삼으며 여성 선수의 짧은 머리를 비난했던 이들이 이 학생을 보면 뭐라고 할까요. 세상이 각박해지고 살기 어렵고 본인만 불이익을 당한다고 느끼면, 생각과 말이 창끝을 향해 가기 마련입니다. 여전히 우리는 생산적 논쟁이 아닌 소모적 전쟁을 하고 있습니다. 250여 년 전에 살았던 광문처럼 남녀 구별 없이 한 인간으로서의 존재 의미와 감정을 서로 존중해 주면 좋지 않겠습니까. 차분하게 이성적으로 상대방의 입장을 경청하면 좋겠습니다.

3

행복의 가능성에 가닿는,
쉼표

그간 평안하셨는지요?

입학 시기가 마무리되는 요즘, 서울대 등 이른바 명문대 합격자 수를 궁금해하시는 학부모님과 동문이 많이 있습니다. 제가 부임 초 입시에 연연하지 않는 '학교다운 학교'를 만들겠다고 말씀드린 바 있습니다. 그래서 가급적 올해부터 학교에서 합격자 수를 알려드리는 일은 하지 않으려고 했는데 여러분께서 자꾸 물어오시니 도리가 없습니다.

수년 전 어느 동문이 총동문회 단톡방에 그해 서울대

합격자 수를 올리면서 "이사장님과 교장 선생님이 애쓰셨다."라고 쓴 글을 보았던 기억이 납니다. 그것을 보면서 웃음도 나오지 않았습니다. 서울대 입학이 이사장, 교장과 무슨 관계가 있겠습니까. 고3 담임 선생님뿐 아니라 1학년 때부터 열심히 가르쳐 주신 모든 선생님 그리고 노심초사하신 부모님과 학생들이 부단히 노력한 결과이지요. 이사장과 교장이 학생과 선생님을 닦달한다고 입학 성적이 좋아질까요?

여기는 사람을 교육시키는 '학교'이지, 입학 성적으로 존재를 증명해 내는 '학원'이 아닙니다. 우리는 언제부턴가 언론까지 나서서 서울대 합격자 수로 학교 순위를 매기기 시작했습니다. 언론은 이런 보도가 우리 사회에 어떤 악영향을 끼치는지조차 생각하지 않으니 안타까운 노릇이지요. 일부 언론은 서울대 합격자가 많은 학교가 '명문고'라는 말도 안 되는 등식을 만들었습니다. 명문고는 사회 구성원으로서 바르게 살면서 우리 사회에 선한 영향력을 미치는 졸업생이 많은 학교여야 합니다. 왜냐하면 그렇게 할 수 있는 것은 학교에서 제대로 된 교육을 받았기 때문입니다.

대다수 학부모님들과 동문들은 그해 입학 성적으로 일희일비하곤 했습니다. 그런데 전교생 중 서울대 입학생은 10%도 되지 않습니다. 게다가 50% 정도의 학생은 이른바 '인서울 대학'에조차 입학을 못 합니다. 10%도 안 되는 학생의 성과에 열광할 것이 아니라, 90% 학생이 어떤 교육을 받고 우리 사회의 구성원으로서 어떤 역할을 할지 궁금해해야 합니다. 근 70여 년 동안 한 해도 거르지 않고 "올해 서울대에 몇 명이나 갔냐?"는 질문이 우리 사회와 학교 교육을 얼마나 피폐하게 했는지 반드시 기억하셔야 합니다.

더 솔직히 말씀드리면 한둘 특출한 학생을 빼고 학교 교육만으로 서울대에 입학할 수는 없습니다. 부모님의 열정과 학원에서의 입시 준비가 서울대 입학을 가능하게 하는 것입니다. 부정하고 싶지만 엄연한 현실입니다. 그리고 학력이 천차만별인 교실에서 수업은 중간 수준 정도에 맞출 수밖에 없습니다.

따라서 우열반을 나누지 않는 이상 상위권 학생에게 맞는 수업은 애당초 불가능합니다. 그런데 서울대 합격생이 많으면 공은 오로지 학교 차지가 되니 계면쩍은 노릇이고, 서울대 합격생이 적으면 학교가 무슨 죄라도 진 것 같으니 답답한 노릇입니다. 많이 가든 적게 가든 학교에서는 똑같이 가르쳤을 뿐이고 학생들

113

이 학업에 전념할 수 있도록 면학 분위기를 조성했을 뿐입니다. 매년 똑같이 했습니다.

　이제부터 "서울대학교에 몇 명 갔냐?"는 질문을 그만둘 때가 되었습니다. 학생들이 건강한 사회인이 되기 위한 교육을 잘 받고, 성적이 아니라 자신의 소질과 재능을 발휘할 수 있는 '학교다운 학교'가 되어야 합니다. "올해는 어떤 점에 중점을 두고 학생을 가르칠 것인가?"라는 질문이 좋습니다. 그래야 우리나라의 미래도 밝아지고 학생들도 환한 웃음을 되찾을 수 있을 것입니다.

　올해는 전년도에 비해 많은 학생이 서울대에 합격했습니다. 그런데 저는 부임 후 1년 동안 단 한 번도 고3 담임 선생님을 비롯하여 모든 선생님께 서울대의 '서' 자도 꺼낸 적이 없습니다. 몇 명 입학했는지 물은 적도 없습니다. 관심이 없어서가 아니라 '학교는 학교다워야 한다.'는 것이 저의 생각이기 때문입니다.

그러니 서울대 합격자가 많아졌다고 교장이 칭찬받을 일은 결코 아닙니다. 학부모님께서 열성적으로 돌보시고, 선생님께서 자상히 보살피시고, 학생이 밤잠 줄여 가며 죽기 살기로 노력한 결과입니다. 칭찬받을 사람은 제가 아니라 따로 있습니다. 앞으로도 '서울대에 몇 명 보냈는지'에 일희일비하지 마시고, 건강한 사회 구성원으로 우리 사회에 첫발을 내딛는 학생들에게 힘찬 격려의 박수를 보내 주시길 바랍니다.

2022년 2월 22일
교장 이명학 드림

몸에 좋은 약은
입에 쓴 법이니까요

위나라 문후(文侯)는 전쟁에서 승리한 후 점령한 땅을 공을 세운 동생이 아닌 아들에게 줍니다. 그러고는 어느 날 신하들에게 "나는 어떤 임금이냐?"고 뜬금없이 물어봅니다. 예나 지금이나 사람들은 남들이 자신을 어떻게 평가하는지 몹시 궁금해합니다. 그러자 신하들이 "어진 임금이십니다."라고 하는데 유독 임좌(任座)만은 "임금께서 그 땅을 동생이 아닌 아들에게 주셨으니 어찌 어진 임금이라 하겠습니까?"라고 입바른 소리를 합니다.

이 말을 들은 문후가 얼굴에 노기를 띠자 임좌는 두려워 재빨리 궁궐에서 달아납니다. 문후는 화가 덜 풀려

적황(翟璜)에게 다시 묻습니다. 적황도 "어진 임금이십니다."라고 답합니다. 문후는 "어떻게 내가 어진 임금이라는 것을 아느냐?"고 따지듯이 되묻습니다. 근거를 대라는 것입니다.

그러자 적황은 "임금이 어질면 신하가 정직하다(君仁則臣直)는 말이 있습니다. 방금 임좌의 말이 정직했으니 이 때문에 어진 임금이라는 것을 알게 되었습니다."라고 삼단논법으로 그럴듯하게 설명합니다. 솔로몬처럼 지혜로운 대답입니다. 문후는 이 말을 듣고 기뻐하며 임좌에게 높은 벼슬을 주었습니다.

문후가 기뻐했던 것은 임좌가 올곧은 신하여서가 아니라, 임좌의 말로 인해 자신이 어진 임금이라는 사실이 증명되었기 때문입니다. 이를 뜻하는 구절이 있습니다.

忠言逆於耳, 利於行 (충언역어이, 리어행)

'충직한 말은 귀에 거슬리나 행함에는 이롭다.'는 뜻입니다. 문후는 임좌의 말이 귀에 거슬려 불같이 화를 냈으나 충직한 말의 참뜻을 잘 새긴다면 다시는 우를 범하는 일이 없을 것입니다.

어느 조직이든 윗사람의 눈치를 보지 않고 쓴소리하는 사람이 있으면 건강한 조직입니다. 조직의 장이 되면 처음에는 구성원의 의견을 충분히 수렴할 테니 기탄없이 말해 달라고 합니다. 그러나 한두 번도 아니고 매번 쓴소리를 고마워하며 계속 듣는 사람은 없습니다. 점점 듣기 싫어지는 게 당연합니다. 그리고 얼마 지나지 않아 입에 발린 말을 하는 사람들에게 둘러싸입니다. '마르지 않는 자그마한 샘이 하나라도 있으면 연못은 썩지 않는다.'는 말이 있습니다. 건강한 조직을 위해 누군가는 '자그마한 샘'이어야 합니다.

가짜와 진짜가
한 끗 차이인 세상 속에서

三人成虎(삼인성호)는 '세 사람이 호랑이를 만들어 낸다.'
는 뜻으로 '근거 없는 말도 여럿이 하면 곧이듣게 됨'을
의미합니다. 요즘 말로 하면 무엇일지 바로 떠오르지 않
습니까. '가짜 뉴스'입니다. 이제는 세 사람이 아니라 한
사람이 뚝딱 만들어 냅니다. 가짜 뉴스는 정당하지 않은
방법으로 이익을 얻으려 의도적으로 유포하는 거짓 정
보입니다. 목적부터 불순하지요. 이로 인해 많은 사람이
마음의 상처를 받고 피해를 입습니다. 바로잡자니 딱히
마땅한 수단이 없을뿐더러 이미 사람의 뇌리에 각인된
정보를 지우는 것도 간단치 않습니다. 가짜 뉴스를 신념

처럼 믿어 버리는 일까지 생기기도 하니까요.

그중에는 대중의 관심을 끌어 광고를 통해 금전적인 이득을 보려는 저질스러운 내용도 적지 않습니다. 그러니 갈수록 표현이 자극적일 수밖에요. 정치판에서 벌어지는 가짜 뉴스 또한 얼마나 교묘한지 진짜와 가짜를 구분하기도 쉽지 않습니다. 어떤 것은 가짜가 더 진짜 같습니다.

과거에도 이런 것들이 있었습니다. 백제 무왕이 젊은 시절 〈서동요〉를 지어 선화공주와 결혼한 이야기가 대표적입니다. 그는 선화공주와 연인 관계인 것처럼 거짓 노래를 만들어 온 장안에 퍼트렸습니다. 미모의 공주와 얽힌 노래니 단번에 많은 사람의 흥미를 끌었을 것입니다.

『삼국사기』에 나오는 이야기도 들려드리지요. 김유신이 반월성에서 반군에게 포위되었을 때 유성이 떨어졌는데 '유성이 떨어진 곳엔 유혈사태가 벌어진다.'는 속설 때문에 군사의 사기가 떨어져 위태롭게 되었습니다. 이때 김유신은 연을 만들어 허수아비에 불을 안겨 하늘로 띄워 보내고는 '어제 떨어진 유성이 다시 하늘로 올라갔다.'는 거짓 정보를 퍼트려 승리합니다. 이는 문헌에 연이 처음 등장하는 장면이기도 합니다. 이는 가짜 뉴스라기보다 위기를 모면하는 재치라고 해야 할 듯도 하군요.

조선 중종 때 조광조는 꿀로 나뭇잎에 글씨를 적어 벌레들이 갉아먹게 하여 조작한 '주초위왕(走肖爲王)'이라는 모함에 걸려 죽게 됩니다. 조광조에 악의를 품은 자들이 '조(趙)씨가 왕이 된다.'는 거짓 정보를 퍼트려 죽음으로 몰아넣은 것입니다. 이 역시 전형적인 가짜 뉴스입니다.

불순한 목적으로 상대를 곤궁에 빠트리는 가짜 뉴스는 아예 눈길도 주지 말아야 합니다. 아무 잘못 없는 애꿎은 사람만 감당할 수 없는 피해를 보니 말이지요. 선거철에는 특히나, 눈과 귀를 깨끗한 물로 씻어 내고만 싶습니다.

막연한 기다림보다
실천이 앞서길 바랍니다

守株待兔(수주대토)는 '그루터기를 지키며 토끼를 기다린
다.'는 뜻으로 '한 가지 일에만 얽매여 발전을 모르는 어
리석은 사람'을 일컫습니다. 한자어를 좀 더 들여다보겠
습니다. 株(주)는 그루터기로 나무를 자르고 남은 밑동을
일컫습니다. 兔(토)는 토끼입니다.

수주대토는 『한비자』에 나옵니다. 한 농부가 밭을 갈
고 있었는데 갑자기 토끼가 냅다 달려와 그루터기에 머
리를 들이받고는 죽었습니다. 농부는 또다시 토끼를 얻
게 되기를 바라며 쟁기를 던져 버리고 그루터기 옆을 지
키고 있었지만, 다시는 토끼를 얻지 못하고 비웃음거리

가 되었다는 이야기입니다.

이는 한비자가 요순의 이상정치를 비판하려 만든 우화입니다. 새로운 시대의 흐름을 따르지 않고 낡은 관습만 고집스레 지키는 모습을 비꼰 것입니다. 본래 의미는 이렇지만 '요행을 바라는 태도'를 비판할 때 인용하기도 합니다. 토끼를 얻은 것은 순전히 요행이며 우연히 벌어진 일이지요. 그런데 농부는 우연이 아니라 일상적인 일로 오판하고 생업을 내팽개친 채 무작정 토끼를 기다렸습니다. 보나 마나 농사는 다 망쳤을 것이고 토끼가 우연히 나타나는 일은 다시 일어나지 않았습니다.

한때 '동학개미'라는 신조어까지 나올 정도로 주식 투자가 열기를 띠더니 코인 열풍이 그야말로 광풍처럼 불어닥치기도 했습니다. 젊은이들이 대출까지 받아 앞뒤 가리지 않고 무작정 뛰어들었습니다. 하지만 코인에 대한 유명인의 부정적 말 한마디에 가격이 곤두박질치는, 이상한 투전판이 되어 버린 상황이 벌어지기도 했습니다. 정상적이라고 볼 수 없는 현상 때문에 상당한 손실을 본 사람도 적지 않았습니다. 젊은이의 좌절과 허탈함을 어떻게 달래 주어야 할까 걱정스러웠습니다.

국가적으로, 자신의 포부와 꿈을 펼쳐야 할 이들이 이러한 상황에까지 내몰린 원인이 무엇인지 냉정하게 분석하고 가능한 해법을 제시해야 합니다. 좋은 나라는 경제적으로 잘사는 나라가 아니라 젊은이들이 그들의 꿈을 실현할 수 있는 사회적 토대가 마련된 나라입니다. 쟁기를 놓고 그루터기 옆에 앉아 하루 종일 토끼를 기다리는 젊은이들이 많아지면 나라의 장래는 어찌 되겠나요.

사람이 어떤 처지에 놓이더라도
해서는 안 될 일이 있습니다

먼저 여러분과 『맹자』에 나오는 구절을 같이 보겠습니다.

窮不失義, 達不離道(궁불실의, 달불리도): 궁하더라도 의
로움을 잃지 않고, 출세했더라도 정도(正道)를 떠나지 않
는다.

여기에서, 窮(궁)은 곤궁함이고 達(달)은 顯達(현달)로 출
세함을 뜻합니다. 사람이 궁해지면 체면 불고하고 옳든
그르든 무슨 짓이든 하려 합니다. 구차한 말도 거리낌
없이 일삼고 어떻게든 비빌 언덕을 찾아 비굴하게 행동

합니다.

처지에 따라 일정 부분 어쩔 수 없다 해도, 사람으로서 하지 말아야 할 것이 있습니다. 바로, 의에 벗어나는 짓을 해서는 안 된다는 점입니다. 아무리 먹고사는 것이 어렵고 인생이 막막해지더라도 최소한의 도덕은 지켜야 합니다. 그리하면 삶이 고단하고 힘은 들지언정 적어도 자신의 지조는 잃지 않으며 자존감은 지킬 수 있습니다. 오늘이 어렵다고 내일도 마냥 어렵기만 할까요. 바르게 생각하고 떳떳하게 살아가며 어려움을 극복하면 됩니다.

또한, 높은 자리에 올라 출세하면 지켜야 할 도리가 있으니 정도를 지켜 늘 바르게 생각하고 처신해야 합니다. 높은 자리에 있는 사람이 정도에 벗어난 짓을 하면 많은 사람이 실망합니다. 고관대작이 사회 통념에 벗어난 일로 국민을 분노케 한 사례는 흔히 보았던 경험입니다.

조선 시대는 태어나면서 숙명적으로 신분이 정해졌습니다. 아무리 멍청해도 '양반은 양반'이고, 제아무리 영특해도 '머슴은 머슴'이었습니다. 지금은 천민자본주의에서나 있을 현대판 신분이 있습니다. 그러다 보니 돈이든 권력이든 사회적 지위든 어떻게 해서라도 움켜쥐려 합니다. 그러나 아무리 정당한 방법으로 돈과 권력을 가

졌더라도 정도에서 벗어나 멋대로 행사해서는 안 됩니다. 얇은 얼음 밟듯 태도를 조심해야 하고, 걸맞은 언행을 하고 있는지 스스로 성찰하면서 겸허한 자세로 처신해야 합니다. 이것이 가진 자의 바른 자세입니다.

우리는 만나 볼 수도 없는 미래의 후손들에게 지켜야할 도리가 있습니다. 명예로운 조상을 둔 자손으로 살게할지, 아니면 손가락질 받았던 조상의 자손으로 살게 할지 그 몫은 우리에게 달렸습니다.

그래서 어떻게 사느냐가 두려운 것입니다. 미래의 후손은 차치하고, 적어도 이 땅에서 묵묵히 살아가는 장삼이사(張三李四)의 마음을 허탈하게 해서는 안 될 것입니다. 달불리도(達不離道), 이것은 성공을 하거나 사회적 명성과지위가 높아질수록 사람이 지켜야 할 최소한의 양심이자 도덕입니다.

모든 사람에게
칭찬받으며 살 수 없습니다

鄕原, 德之賊也(향원, 덕지적야)는 『논어』에 실려 있는 공자 말씀입니다. 鄕原(향원)은 맹자의 풀이를 따르자면 '한 마을에서 시속에 영합하면서도 겉으로 점잖고 깨끗한 척하는 사람'입니다. 賊(적)은 '도둑'이라는 뜻으로 '적반하장(賊反荷杖)' '산적(山賊)' 등의 단어에 쓰이며 동사로는 '해치다'입니다. 즉, '향원은 덕을 해치는 자이다.'라는 뜻입니다.

향원은 겉으로 점잖은 체 도덕적인 삶을 사는 사람입니다. 사람들로부터 신망을 얻기 위해 시류와 여론에 영합하니 두루 칭송이야 받겠지만 실상은 시시비비를 따지지 않고 위선으로 세상을 속이는 자입니다. 공자는 이런 자가 나라의 도덕을 해치는 자라고 질타했습니다.

어디고 이런 사람이 있습니다. 이런 사람을 '무골호인(無骨好人)'이라 하는데 누구에게도 싫은 소리를 하지 않고 늘 허허거리며 좋은 게 좋다는 사람입니다. 도대체 이런 사람에게 공정과 정의라는 것이 있을까요. 그러니 조직의 기강과 도덕이 무너지고 망가지고 맙니다.

일의 옳고 그름을 분명히 가려야 함에도 시비를 가리다가 듣게 될 사람들의 뒷소리와 불평이 싫은 것입니다. 세상 모든 사람에게 칭찬을 받으며 살 수는 없습니다. 오히려 그런 사람이 이상합니다. 품성과 행실이 나쁜 사람에게 욕을 듣는 것은 도리어 칭찬입니다.

게다가 좋은 평판에만 신경을 쓰다 보니 옳고 그름을 제대로 따질 새도 없이 언제든지 다수의 의견을 좇아 입장을 바꿉니다. 향원! 이를 보고 배워서는 안 되겠지요.

처지에 따라 일정 부분 어쩔 수 없다 해도, 사람으로서 하지 말아야 할 것이 있습니다. 바로, 의에 벗어나는 짓을 해서는 안 된다는 점입니다. 아무리 먹고사는 것이 어렵고 인생이 막막해지더라도 최소한의 도덕은 지켜야 합니다. 그리하면 삶이 고단하고 힘은 들지언정 적어도 자신의 지조는 잃지 않으며 자존감은 지킬 수 있습니다.

살면서 이해할 수 없는
사람을 만나기도 합니다

살다 보면 참으로 이해하기 어려운 사람을 만나곤 합니다. 이는 예나 지금이나 다르지 않은가 봅니다. 『삼국사기』 열전에 검군(劍君)이라는 인물이 나옵니다. 그는 화랑의 문하에 있으면서 궁에서 작은 직책을 맡고 있었습니다. 당시 기근이 너무 심해 백성들은 자식을 팔아서 먹고살아야 할 정도로 비참한 상황이었습니다. 궁에 있던 관리들은 궁궐 창고의 곡식을 훔쳐 나누었는데 유독 검군만 받지 않았습니다.

그러자 그들은 비밀이 샐 것을 우려해 검군을 죽이기로 모의합니다. 이를 눈치챈 검군은 화랑을 찾아가 "다

시는 뵙지 못할 것입니다."라고 하직을 고하며 전후 사
정을 이야기합니다. 그 대목을 좀 더 들려드리지요.

"왜 고발하지 않는가?"
"인정상 차마 저들을 죄에 빠트리게 할 수 없습니다."
"그러면 달아나면 될 것이 아닌가?"
"저들이 잘못했는데 잘못도 없는 제가 달아나는 것은
장부가 할 일이 아닙니다."

검군은 이야기를 마치고 그들을 찾아가 독이 든 음식
을 억지로 먹고 숨을 거둡니다.

도무지 이해하기 어려운 행동입니다. 아마 검군은 그
들이 사욕을 채우려고 훔친 것이 아니라 당시 상황이 어
쩔 수 없음을 이해하고, 그렇다고 아무 잘못도 없는데
피하는 것은 자존심이 허락하지 않는 일이라 여기고, 차
라리 내가 죽는 것이 그들도 살리고 자신의 절조(節操)도
지키는 행동이라고 생각했을 것입니다.

오래전 수원에서 서울로 오는 택시를 탄 적이 있습니
다. 타자마자 요금기의 말은 거침없이 내달리기 시작했

습니다. 아직 수원시 경계를 벗어나지 않았는데도 할증이
붙은 것입니다. 괘씸한 마음이 들었지만, 어떻게 하는지
두고 보기로 했습니다.

그런데 톨게이트를 지나면서 기사분이 요금을 받는
직원에게 얼마나 다정스럽게 인사를 하는지, 저는 그만
어리둥절해졌습니다. 또 다른 장면도 기억합니다. 가는
길에 로드킬을 당한 고양이 사체가 있었는데 그 옆을 지
나면서 기사분이 지그시 성호를 긋는 것이었습니다. 천주
교 신자였던 모양입니다.

이리 배려심 있고 선량한 분이 왜 승객한테 부당한 요
금을 받으려고 하는지, 그의 양면적 태도는 아무리 생각
해도 이해할 수 없었습니다. 그 후 여러 사람에게 판단을
구해 보았으나 특별히 납득할 수 있는 답은 아직 얻지 못
했습니다. 기사분은 왜 양면적 태도를 보인 것일까, 곰곰
이 생각하다 보면 마음이 복잡해지기도 합니다. 전후 사
정을 다 알 수는 없지만 먹고살아 가는 현실의 복잡다단
함을 짐작해 보게도 되고, 누구나 어떤 상황에서 양면적
태도를 취할 수 있음도 생각해 봅니다. 검군의 행위는 이
리저리 생각하면 답을 구할 수 있는데, 기사분의 행동은
지금까지도 명쾌한 답을 구하지 못하고 있습니다.

누구나 실수를 합니다

중국의 역사책 『국어』에 이런 말이 나옵니다.

過而能改者, 民之上矣(과이능개자, 민지상의): 잘못을 저질 렀으나 고칠 수 있는 사람이 백성의 으뜸이다.

그 옛날에도 남보다 나은 사람의 덕목은 자신의 잘못 을 솔직하게 인정하는 정직하고 권위적이지 않은 사람이 었나 봅니다. 사람은 살아가면서 누구나 실수로 잘못을 합니다. 성인(聖人)일지라도 예외는 없습니다. 잘못을 저지 르지 않는 사람은 이 세상에 없습니다. 문제는 잘못을 저 지르고 난 다음입니다. 대범하게 솔직히 인정하는 용기 있는 모습에 많은 사람이 박수를 보냅니다. 왜냐하면 사람은 완벽한 존재가 아니고, 너도나도 살아가며 적어도 한 번쯤은 잘못을 저질러 보았기 때문입니다.

小人之過也, 必文(소인지과야, 필문)은 『논어』에 실린 공자의 제자 자하(子夏)의 말로, '소인은 잘못을 저지르면 반드시 꾸며 댄다.'는 의미입니다. 지질한 소인배들은 이리저리 모면하려고 구차스러운 변명을 늘어놓으나 보는 이의 눈살만 찌푸리게 할 뿐입니다. 잘못은 되풀이하지 않으면 됩니다. 『논어』에 나오는 '잘못'에 대한 글을 좀 더 소개합니다.

- 過而不改, 是謂過矣.(과이불개, 시위과의): 잘못을 저지르고도 고치지 않는 것, 이것을 잘못이라고 한다.

- 人誰無過, 過而能改, 善莫大焉.(인수무과, 과이능개, 선막대언): 사람이 누가 잘못이 없겠는가, 잘못을 저질렀지만 능히 고친다면 이보다 큰 선(善)이 없다.

- 過則勿憚改(과즉물탄개): 잘못을 저지르면 고치기를 꺼려하지 마라.

올바른 판단과
냉정한 선택이 쉽지 않더라도

오늘은 『논형』에 나오는 말을 소개하며 이야기를 시작하겠습니다.

君子不畏虎, 獨畏讒夫之口(군자불외호, 독외참부지구)

무슨 뜻일지 짐작이 가시는지요. 獨(독)은 '홀로'라는 뜻으로 흔히 '고독(孤獨)' '독립(獨立)' 등에 쓰이는 한자입니다. 부사로 쓰이면 '유독' '오직'의 의미입니다. 讒夫(참부)는 '근거 없는 말을 퍼뜨려 남을 해치는 사람'입니다. 즉, '군자는 호랑이를 두려워하지 않지만 오직 참부의 입은 두려워한다.'를 의미합니다.

혹여 호랑이와 맞닥뜨리면 온 힘을 다해서 싸우면 됩니다. 정정당당한 힘겨루기입니다. 대처할 방법을 알고 있으니 두려워할 것도 없습니다. 군자의 당당한 모습입니다. 그러나 나를 비방하는 사람이 내뱉는 말에는 대처할 방법이 마땅치 않습니다. 잘못 입력된 이미지는 쉬이 바뀌지 않을 뿐 아니라 한번 각인된 부정적 잔상은 오래 남습니다. 이른바 '낙인 효과'입니다. 그러니 두려울 수밖에 없습니다.

앞서 가짜 뉴스를 이야기할 때 소개했던 삼인성호(三人成虎)라는 고사성어에서도 알 수 있듯이 몇 사람이 연거푸 근거 없는 말을 작정하고 퍼뜨리면 웬만한 사람은 그 말을 믿게 됩니다. 점잖은 사람은 변명조차 하기 싫은데 사실을 밝히려면 어쩔 수 없이 자초지종을 설명해야 하니 구차스럽고 자존심도 상합니다. 명예롭지 못하게 사람들의 입에 오르내리는 상황과 해명 과정이 내키지 않는 것입니다. 참부는 어떤 목적을 가지고 입을 놀려 댑니다. 마음에 들지 않으면 어떻게든 해코지를 하려고 온갖 말을 지어냅니다.

"간사한 참부가 임금 곁에 있으면 사직단(社稷壇)에 쥐가 있는 것과 같아 불태워 죽일 수도 없다."는 말이 있습니다. 쥐새끼 한 마리 잡자고 땅의 신을 모신 사직단을 불사를 수 있겠습니까. 결국 조직을 이끄는 사람이 올바른 판단으로 냉정하게 참부를 멀리 쫓아 버리는 수밖에 없는데 그게 또 쉬운 일은 아닐 것입니다.

핑계나 변명에 앞서,
나부터 돌이켜 봅니다

反求諸己(반구저기)는 『맹자』에 나오는 말로, 의미를 풀어
보면 '돌이켜서 자기에게 찾는다.'입니다. 찾는 것은 다
름 아닌 그렇게 된 '원인'을 의미합니다. 『논어』에도 이
와 동일한 가르침을 전하는 공자의 말씀이 있어 소개해
보겠습니다.

君子求於己(군자구어기), 小人求於人(소인구어인)

'군자는 자기에게서 찾고, 소인은 남에게서 찾는다.'
는 뜻입니다. 즉. 군자는 그렇게 된 원인을 자기에게서

찾고, 소인배는 남에게서 찾습니다.

일이 뜻대로 되지 않으면 변변치 못한 소인배는 꼭 남 탓을 하지만, 군자는 자신을 돌이켜 보고 자기 잘못이라고 생각합니다. 책임을 남에게 돌리지 않고 대범하고 당당하게 인정하는 자세가 보기에도 좋습니다. 언제까지 남 탓만 하며 살 건가요. 모든 원인은 바로 나에게 있습니다. 설령 사기를 당했더라도 사기꾼 탓이 아니라 탐욕스러운 생각이 들어 꼬드김에 빠진 나의 잘못도 있음을 자각해야 합니다.

글을 마치며, 오늘 익힌 고전 명구 속 한자를 하나씩 알아보도록 하겠습니다. 人(인)은 다들 아시듯 '사람'이라는 뜻인데, 한문에서는 보통 '남' 또는 '다른 사람'이라고 번역합니다. 反(반)은 '돌이키다'는 뜻으로도 많이 쓰입니다. 반성(反省)이 그것으로 '나에게 돌이켜(反) 살피다(省)'입니다. 於(어)는 주로 장소나 사람 등 앞에 씁니다. '~에' '~에서' '~에게'라 해석합니다. 諸(제)는 '모두'의 뜻일 때는 음이 '제'로 제군(諸君), 제위(諸位) 등이 있습니다. 그러나 어조사로 쓰이면 음이 '저'로 바뀌고 'A之於B'의 축약형으로 'B에서 (그것을) A하다.'라고 해석합니다.

간혹 신문을 보면 정치인들이 반구저기(反求諸己)를 즐겨 쓰는데, 모두 '반구제기'라고 틀리게 읽고 씁니다. 한자 공부가 부족하면 안 쓰면 될 일인데 굳이 씁니다. 그냥 "나 자신을 돌아보며 반성하고 있다."고 하면 어떨까요…….

곁에 있는 존재들을
소중하게 여깁니다

『한비자』에 나오는 명구로 오늘의 이야기를 시작해 보겠습니다.

遠水, 不救近火(원수, 불구근화): 먼 곳의 물은 가까운 곳의 불을 끄지 못한다.

서울에서 불이 났는데 경포대 앞 바닷물이 아무리 많다고 한들 무슨 소용이며, 한강에 빠져 허우적거리는데 부산에 사는 수영 선수가 무슨 도움이 되겠습니까. 위기에 처했을 때 위기를 극복할 수 있는 꼭 필요한 것이 먼

곳에 있다면 아무 소용없다는 의미입니다.

시간이 걸리는 방법으로는 당장 코앞에 닥친 위급한 문제를 해결하지 못합니다. '멀리 있는 친척이 가까운 이웃만 못하다.'는 말이 그것입니다. 내가 어려움에 닥쳤을 때 나를 도와주는 사람은 내 곁에 있는 사람입니다. 그래서 자신의 편함과 이로움만 생각하는 이기적인 태도를 버리고 늘 주변 사람을 배려하고 하나라도 베푸는 선한 마음을 갖고 살아야 합니다. 꼭 도움을 바래서가 아니더라도요.

때로 가까운 사람들에게 무례함을 일삼으면서 실속을 얻을 수 있는 사람들에게는 과할 만큼 예의를 차리는 이들을 보게 됩니다. 관계 하나하나에 머리를 쓰고 셈하며 연을 맺어 나간다면, 과연 그러한 만남이 언제까지 잘 유지될 수 있을까 싶습니다. 이런 위선적이고 이기적인 마음을 버리면 내 주변 이들을 진솔한 마음으로 소중히 대하게 될 것입니다.

한편 설중송탄(雪中送炭)은 '눈 속에 있는 사람에게 숯을 보낸다.'로 '어려움에 처한 사람에게 제때 필요한 것을 보내 주다.'를 이르는 말입니다. 원수 불구근화와 상대되는 의미로 쓰입니다. 얼어 죽을 지경인 사람에게 화려한 비단 옷이 무슨 소용이 있겠습니다. 상대의 어려움을 제대로 헤아려 주는 마음이 가장 중요하겠습니다.

멀리 보이는 것도 차곡차곡 쌓아 가면
이루게 됩니다

서애 유성룡(柳成龍) 선생의 『원지정사기』에 이런 말이 나옵니다.

　遠者, 近之積也(원자, 근지적야): 먼 것은 가까운 것이 쌓인 것이다.

　모든 일은 결과가 좋든 나쁘든 그 원인이 있으니 평상시 차곡차곡 쌓인 것이 결과로 나타납니다. 기본기를 하나하나 착실하게 연마해야 고난도의 기술을 습득할 수 있으며, 한 걸음 한 걸음 걸어야 천 리에 이를 수 있습니다.

어느 날 갑자기 이루어지는 것은 아무것도 없습니다. 나쁜 결과도 그렇습니다. 잘못된 생활 습관이 쌓이면 끝내 큰 병을 얻게 되고, 바늘 도둑이 소도둑이 되듯 악행이 차곡차곡 쌓이면 그 결과는 불 보듯 뻔합니다. 가랑비에 옷이 젖는 것과 같습니다. 하루가 쌓이면 미래가 됩니다. 인간사 세상일은 소이연(所以然), 모든 것에는 다 나름의 이유가 있기 마련입니다. 우리도 평소 어떤 행동을 하고, 어떤 마음을 쓰며 살고 있는지 찬찬히 돌아봐야겠습니다.

때로 가까운 사람들에게 무례함을 일삼으면서 실속을 얻을 수 있는 사람들에게는 과할 만큼 예의를 차리는 이들을 보게 됩니다. 관계 하나하나에 머리를 쓰고 셈하며 연을 맺어 나간다면, 과연 그러한 만남이 언제까지 잘 유지될 수 있을까 싶습니다.

골칫거리를
그대로 두어서는 안 됩니다

草茅不去 則害禾穀(초모불거 즉해화곡)은 『관자』에 실려 있습니다. 茅(모)는 '띠'이며 草茅(초모)는 '잔디'로 잡초입니다. 則(즉)은 가정법 어조사로 '~면'이며 禾穀(화곡)은 '벼'입니다. 즉, '잡초를 제거하지 않으면 벼를 해치게 된다.'는 뜻입니다.

농사를 지으면서 가장 골칫거리인 존재가 잡초입니다. 자라기도 빨리 자라지만 얼마간 손을 놓고 있으면 걷잡을 수 없게 됩니다. 게으름을 피우면 결국 한 해 농사를 망칩니다. 그러니 아무리 힘이 들어도 하나하나 뽑아 없애야 합니다. 지금이야 제초제가 있어 힘이 덜 들지만 그마저 없던 시절에는 피땀을 흘리며 일을 할 수밖에 없었습니다.

인간 사회 곳곳에도 이런 자들이 있습니다. 자기가 몸담고 있는 조직에서 잡초같이 사람들을 못살게 구는 무리입니다. 골칫거리로 존재하는 잡초 부류의 사람들은 자신의 잘못을 전혀 알지도, 인정하지도 않고 제멋대로 못된 짓만 골라 하여 선량한 사람의 마음에 상처를 줍니다.

사람들은 골머리를 앓지만 어쩔 방법이 없으니 체념하며 지냅니다. 결국 누군가 나서서 눈을 딱 감고 잡초를 뽑아 버리듯 냉혹하게 정리해야 합니다. 앞서 소개했던 인물을 기억하시나요? 사람들로부터 신망을 얻기 위해 시시비비를 따지지 않고 위선으로 세상을 속이는 자, 향원 말이지요. 조직의 장이 향원처럼 누구에게나 칭송을 듣고자 하는 사람이라면 잡초가 뒤덮여 농사를 망치듯 조직은 엉망이 되고 맙니다. 그러니 호미를 들고 잡초를 솎아 내야 합니다. 그래야 벼가 생기가 돌며 알곡이 튼실해지듯 조직도 활기차고 건강하게 될 것입니다. 그런데 조직을 이끄는 사람이 초모 같다면, 이건 답도 없습니다. 벼가 논을 떠날 수도 없고 말이지요…….

마음이 따뜻하고
바른 사람으로 살아가기 위해

所願善人多(소원선인다)는 퇴계 선생 시의 한 구절입니다.

즉, '원하는 바는 착한 사람이 많아지기를……'입니다.

500여 년 전 퇴계 선생께서 '천지가 제자리를 잡기(是乃天
地紀)' 위해 바라셨던 것은 선인(善人)이 많아지는 것이었
습니다. 그래야 세상을 혼탁하게 만드는 악인이 힘을 못
쓰고 나라에 도덕과 기율이 바로 서게 되리라 믿으신 것
입니다. 그래서 한양에서의 벼슬길을 마다하고 안동 향
리로 내려와 후학을 지도하셨습니다.

선인은 단순히 '착해 빠진 사람'이 아니라 '마음이
따뜻하며 옳고 그름을 분별할 줄 알고 의롭게 생각하는

사람'입니다. 이런 사람이 많아져야 세상이 맑아집니다. 이 시구를 보면 500여 년 전이나 지금이나 별반 달라진 것이 없습니다. 그런 세태가 당연하기는 하나 쓸쓸함은 어쩔 수 없습니다.

세상이 맑아지려면 의로운 사람뿐 아니라 겸허한 자세로 살아가는 사람도 많아져야 합니다. 飮水思源(음수사원)은 飮水思源, 掘井之人(음수사원, 굴정지인)에서 온 명구입니다. '물을 마실 때 그 물의 근원을 생각하고 우물을 판 사람을 생각하며 마셔야 한다.'는 것으로 모든 일의 근원을 잊지 말자는 의미입니다.

정년 퇴임 후 모교 교장으로 부임하는 것이, 개인적으로는 영광스러운 일이지만 대학과 달리 모든 일이 조심스러웠습니다. 그리고 미성숙한 학생을 훌륭한 품성을 지닌 인재로 양성해야 하는 책임감이 어깨를 무겁게 눌렀습니다.

얼마 전, 성적 우수자를 격려하는 자리에서 이런 말을 했습니다.

"물론 빼어난 성적을 받은 것이 여러분이 밤잠을 줄여 가며 학업에 매진한 결과니 축하받아 마땅한 일이긴

하나, 지금의 성취가 오로지 나만의 노력과 잘남으로 이루어졌다는 생각을 하는 순간 오만에 빠지게 됩니다. 오만한 사람은 자신은 호의호식할 수는 있겠지만 결코 우리 사회의 리더가 될 수 없습니다. 지금 이룬 나의 성취는 학업에 전념할 수 있도록 돌봐 주신 부모님과 좋은 수업을 해 주신 선생님의 열정이 있었기에 가능했다는 감사한 생각을 해야 합니다. 이것이 바로 겸손함이며, 이런 겸손한 리더십을 지닌 사람이 우리 사회에 선한 영향력을 미치는 진정한 리더로 성장할 수 있는 것입니다."

성취는 나의 뛰어남이 아니라 관계 속에서 이루어진 것이라는 겸허한 자세를 가져야 합니다. 모든 일은 출발과 근원이 있으며, 그 일을 가능하게 한 동인(動因)이 있기 마련입니다. 그러나 우리는 지금의 성취를 누리면서 그것에 도취되어 감사함을 잊고 사는 건 아닌지 모르겠습니다.

4

함께하는 우리를 꿈꾸는,
쉼표

지나온 시간만으로도
충분히 대단합니다

어제오늘 바람이 제법 쌀쌀한 것을 보니 겨울이 성큼 다가온 것 같습니다. 얼마 전 수학능력시험을 마치고 아마 가채점을 해 보았겠지요. 잘 본 학생도 있고 자신의 뜻대로 되지 않은 학생도 있을 것입니다.

시험이란 것이 워낙 변수가 많고 그날의 컨디션에 따라 좌우되기도 하니 여러분의 본래 실력을 측정했다고는 할 수 없습니다. 그럼에도 혹여 성적이 평소대로 나오지 않아 실망하는 학생이 있을까, 또 그 성적으로 원하던 대학에 진학이 어려워 낙담하는 학생이 있을까 걱정입니다.

그런데 스무 살도 되기 전에 받은 한 번의 성적으로 앞으로 살아갈 60~70년 창창한 인생길이 정해진다는 생각은 하지 말기 바랍니다. 만약 만물을 창조한 조물주가 있다면 인간이 이런 식의 삶을 살도록 설계하지는 않았을 것입니다. 살아 보니 그런 인생이란 결코 없을뿐더러 인생에 상수(常數)란 존재하지 않더군요.

여러분은 이제 사회에 나가 수많은 사람들을 만나게 될 것입니다. 그 사람들과의 인연 속에서 생겨나는 '경우의 수'는 헤아릴 수조차 없을 테고요. 인생의 많은 변곡점을 마주하게 될 것이고, 세월이 흘러 배우자를 만나고 자녀도 생기게 되겠지요.

인간 삶의 변화무쌍함은 우리의 상상을 초월합니다. 지금의 수능 성적은 길고 긴 인생에서 미미하기 짝이 없는 한때의 수치일 뿐입니다. 앞으로 어떤 삶을 사느냐는 오로지 여러분 각자의 몫입니다. 장담컨대 20년이 지나 동기들을 만나게 되면 내가 한 말을 실감할 것입니다. 그러니 지금의 성적에 일희일비하지 말고 앞으로 어떤 계획, 어떤 포부를 가지고 살아갈지 고민하는 것이 좋겠지요. 또 자기 자신에게 행복한 일이 무엇인지도 잘 찾아보고요.

지금까지 입시에 얽매여 그릇에 자꾸 무엇을 담으려고 했다면, 이제부터 그릇을 넓히려는 노력을 하면 어떨까요. 다양한 사람도 만나고 내가 누구인지 깨달아 가는 공부도 하고 어떤 삶이 가치 있는 삶인지 진지하게 모색해 보고요. 알량한 수능 성적 때문에 인생 끝난 사람처럼 어깨 축 늘어뜨리지 말고, 고개 들고 어깨 펴고 당당하게 여러분 인생에 맞서기 바랍니다.

큰 산을 넘어야 너른 들판이 나타나듯 지금은 무거운 짐을 짊어지고 산길을 오르고 있는 중입니다. 저 앞에 산마루가 보이고 그 위에 올라서면 바로 눈앞에 광활한 평야가 펼쳐지지 않겠습니까. 답답하겠지만 힘이 들어도 갈 수밖에 없는 길인데, 산길을 걷다 보면 때론 돌부리에 걸려 넘어지기도 하고 때론 숨이 차올라 포기하고 싶을 때도 있겠지요. 그럴 때는 잠시 바위 위에 걸터앉아 땀을 식히며 올라왔던 길을 찬찬히 되짚어 보는 것도 좋을 것 같습니다.

먼 산을 오르는 길에 조금 뒤처졌다고 낙담할 것도 없고 조금 앞섰다고 자신할 것도 없습니다. 쉬이 포기하거나 너무 자만하면 나중에 반드시 후회를 하게 됩니다. 조금 뒤처진 사람은 신발 끈을 다시 단단히 조여 매고 힘차게 발걸음을 내딛고, 조금 앞선 사람은 정상까지 갈 체력을 잘 안배했는지 점검해 보도록 합시다. 너무 초조해하지 말고 마음 편히 하기 바랍니다. 무엇보다 평정심을 유지하는 것이 중요하리라 생각합니다.

　인생은 결코 길지 않습니다. 뒤돌아보면 어느새 세월은 저만치 가 버리고, 살아온 날에 대한 회한만 남더군요. 이제 시작이라 생각하고 여러분이 꿈꾸는 미래를 위해 열정적으로 살아가기 바랍니다. 나 하나 잘 먹고 잘 사는 것보다 100만 명의 먹거리를 해결해 보겠다는 장대하고 당찬 포부를 지닌 패기 넘치는 젊은이가 되기 바랍니다. 항우(項羽)는 아주 어렸을 때 이런 말을 했습니다.

　"검법은 한 사람만 대적하니 배울 것이 못 되고, 만 명의 사람과 대적하는 것을 배우고 싶어요."

항우처럼 큰 뜻을 품고 호방하고 당찬 기개를 가지고 살아가기를, 늘 마음 편히 하고 건강하게 지내기를 바랍니다.

2022년 11월 28일

교장 이명학

의도된 가식에
마음을 빼앗기지 마세요

162

오기(吳起)는 위나라 사람인데 고향을 떠나 노나라에서 살고 있었습니다. 제나라가 노나라를 공격해 오자 오기는 장군이 되려는 탐욕에 눈이 멀어 제나라 국적의 부인을 죽입니다. 부인이 제나라 사람이라 의심을 받을 수 있다고 생각하여 그런 짓을 한 것입니다.

이러한 일도 있었습니다. 전쟁 통에 등창을 앓는 병사가 있었는데 오기는 몸소 병사의 종기 고름을 입으로 빨아 주었습니다. 병사의 어머니는 그 소식을 듣고 대성통곡을 합니다. 장군이 일개 군졸인 아들의 종기를 빨아 준 것에 감격해서였을까요? 아닙니다. 그 어머니는 "전에 장군이 남편의 종기를 빨아 주어 남편이 전쟁터에서 물러서지 않고 용감하게 싸우다가 죽었는데 이제 아들까지도 똑같이 해 주니 아들이 전쟁터에서 죽는 것은 분명하다."고 오열을 했다고 합니다.

오기가 살아온 삶의 궤적을 볼 때 오기는 부하를 진정으로 아낀 것이 아니라 전쟁에서 이용할 도구로 봤습니다. 의도된 선심을 베풀어 이에 감동한 병사가 물러서지 않고 목숨을 바쳐 싸우도록 한 것입니다. 장군이 되기 위해 부인을 죽였듯이 목적을 위해서는 수단 방법을 가리지 않았습니다. 그 병사의 아픔에 공감한 것이 아니라 병사의 아픔을 극대화하여 이용하고 사지로 내몬 것입니다. 인간에 대한 근본적 성찰이 없는, 잔인한 사람이라 여겨집니다.

그 병사는 오기에게 받은 감동을 어떻게든 갚으려고 했을 것입니다. 그리고 전쟁터에서 죽음으로 보답합니다. 아버지도 그랬고 아들도 그랬습니다. 오기의 리더십은 의도된 가식입니다. 아픔을 공감한 것이 아니라 그 아픔을 이용하여 자신의 목적을 이뤘습니다. 오염된 리더십이지요.

의도적인 선심은 우리 주변 곳곳에 존재하고 있습니다. 후원금을 내고는 인증 사진을 찍어 홍보하고 그것을 이용하여 정치를 하려는 사람도 흔치 않게 봅니다. 특히 선거철이 되면 극성을 부립니다. 일명 '퍼주기 공약'이 그것인데 선심을 앞세우며 요란을 떨지만 궁극적인 목적은 오직 표만 얻으려는 '오기식 선심'입니다. 진즉 국민의 삶을 헤아렸으면 얼마나 좋았겠습니까. 아픔에 공감하고 무엇이 어떻게 필요한지 곰곰이 따져 보면서 좋은 정책을 펼치지 않고, 이제 와 국민의 고통을 공감하는 양 뻔한 짓을 하니 피차 민망한 노릇입니다. 당장 눈앞의 의도된 선심에 이용당하지 않고, 그들이 살아온 삶의 궤적을 예리하게 헤아릴 줄 아는 깊은 눈매를 길러야 겠습니다.

달걀 두 개의 무거운 잣대를
기억합니다

2400여 년 전, 공자의 손자인 자사(子思)는 위나라 왕에게 구변(苟變)이라는 사람을 천거합니다. 그러자 왕은 "그가 뛰어난 능력을 지닌 인물이라는 것은 알겠으나 예전에 백성에게 세금을 부과하면서 남의 달걀 두 개를 먹었기 때문에 등용할 수 없다."고 단호하게 거부했습니다. 세금을 핑계로 사사로이 백성의 달걀을 먹은 행동은 공사를 구별하지 못한 짓이라는 것입니다.

그 말을 들은 자사는 "지금은 전국시대입니다. 이런 위급한 시기에 고작 달걀 두 개 때문에 뛰어난 장수를 내칠 수는 없습니다. 훌륭한 목수는 좋은 나무에 옹이가 한두 개 있다고 해서 나무를 버리지 않습니다. 장점만 취하면 되는 것입니다."라고 합니다.

왕은 아무리 출중한 능력을 지녔다 하더라도 도덕적으로 작은 하자가 있으면 등용할 수 없다는 의견이고, 자사는 국가가 처한 정황이 만만치 않은데 작은 하자 때문에 인재를 내쳐서는 안 된다는 것입니다. 두 사람 모두 일리가 있습니다. 자사는 옹이가 많으면 나무를 버릴 수밖에 없으나 한두 개의 옹이는 잘 다듬으면 쓸 수 있으니 좋은 나무를 옹이 때문에 버리는 것은 어리석은 일이라고 왕을 설득합니다. 왕도 구변이라는 자가 어마어마한 부정을 저지른 것도 아니고 나라가 처한 위급한 상황을 고려하여 작은 흠결 정도는 접어 주자는 생각에 그를 등용합니다.

우리도 2000년 6월 인사청문회 제도를 도입하여 20년 넘게 시행하고 있습니다. 초기에는 위장전입이나 부동산 문제 하나만으로도 부정적인 여론이 들끓어 바로 하차하였으나 청문회를 거듭하면서 공직 후보자마다 문제가 반복되니, 이제는 만성이 되어 으레 흠집 없는 사람이 없겠거니, 합니다.

달걀 두 개의 값이 얼마였는지는 모르겠지만, 2400여 년 전 사람들도 관료 등용에는 엄격한 도덕적 잣대가 있었습니다. 세월이 흐르고 흘러 이제는 달걀 두 개는커녕 셀 수 없는 흠이 있어도 당사자조차 눈 하나 깜짝하지 않으니 청문회를 왜 해야 하는지 답답한 노릇입니다. 옹이 많은 나무가 겉으로 보기에 그럴듯하다고 하지만, 이를 대들보로 삼아 집을 지으면 얼마 못 가 사달이 나고 말 텐데 말이지요.

문제 삼기 전에,
한번 귀를 기울어 볼까요

춘추시대 제나라 재상인 안영(晏嬰)은 키는 작달막했으나 능력이 출중하고 늘 겸손하여 백성들의 존경을 한 몸에 받던 인물이었습니다.

어느 날, 구척장신 마부가 거들먹거리며 의기양양하게 채찍을 휘두르면서 안영이 탄 수레를 몰았습니다. 마부가 저녁 무렵 집으로 돌아오자 아내는 다짜고짜 헤어지자고 합니다. 어안이 벙벙해진 마부가 까닭을 물으니 아내는 "재상께서는 키는 작으나 지체가 높은데도 항상 공손하신데, 당신은 구척 거구에 지위도 변변치 않으면서 뭘 그렇게 거들먹거리며 의기양양한가?"라고 말합니다. 잘못을 깨달은 마부는 다음 날부터 몸가짐을 조심했다고 합니다. 마부는 윗사람의 위세를 믿고 으스댄 것입니다.

얼마 전 100세가 넘은 노철학자께서 정부를 향해 비판적 의견을 내보이자, 논조를 못마땅하게 여긴 어떤 이가 나이를 들먹이며 막말을 퍼부었습니다. 그 모습이, 거들먹거리며 허공에 채찍을 휘두르고 나대는 마부와 하등 다를 바 없다고 여겨졌습니다. 나이라는 것은 사람을 평가하는 척도가 될 수 없습니다. 나이를 문제 삼을 것이 아니라 이야기 내용으로 논쟁을 해야 했습니다. 듣는 이가 수긍하지 못하는 주장이라면, 말하는 이가 먼저 자성해야 할 태도가 있을 겁니다.

'노마지지(老馬之智)'라는 성어가 있습니다. 전쟁 통에 깊은 산속에서 길을 잃어 위험에 처한 관중(管仲)이 "이럴 때는 늙은 말의 지혜가 필요하다."고 한 이야기에서 유래한 말입니다. 예측대로 터벅터벅 걸어가는 늙은 말을 따라가자 마침내 관중은 험한 산길에서 벗어날 수 있었습니다.

나이가 많다고 반드시 경륜이 있지는 않습니다. 나이

답게 나이 들지 못한 이들도 일상생활에서 어렵지 않게 마주칩니다. 다만 오랜 세월 살아오며 쌓은 경험과 삶을 통해 체득한 지혜에서 나온 말씀은 '입에는 쓰나 몸에 좋은 약'이 될 수 있습니다. 누구나 나이가 듭니다. 아무리 먹고 싶지 않아도 헤어날 길이 없습니다. 그러니 세월 앞에 겸손해져야겠습니다. 한마디 덧붙이자면, 진영 논리에서 벗어나 나이가 많든 적든 누구의 말이라도 정성껏 귀 기울이는 태도를 지니면 좋겠습니다. 긴장을 풀고, 적대감을 내려놓고, 한번 '상대방의 이야기를 들어 보려는 마음'을 가져 보면 어떻겠습니까.

도리에 맞지 않는 말은 결국
자신에게 돌아옵니다

오늘은 『대학』에 나오는 구절을 전해드리며 이야기를 나눠 볼까 합니다.

言悖而出者, 亦悖而入(언패이출자, 역패이입)

貨悖而入者, 亦悖而出(화패이입자, 역패이출)

'말이 어그러져 나가면 또한 어그러져 들어오고, 재물이 어그러져 들어오면 또한 어그러져 나간다.'는 뜻입니다. '패(悖)'는 도리에 어긋난 것입니다. 패륜(悖倫)과 행패(行悖)도 인간으로 마땅히 해야 할 도리에 어긋난 짓입니다.

말을 도리에 맞지 않게 하면 그대로 본인에게 되돌아옵니다. '가는 말이 고와야 오는 말이 곱다.'라는 속담이 괜히 있는 것이 아닙니다. 이는 사실 말에만 해당되지 않습니다. 재물도 그렇습니다. 내가 피땀 흘린 노력으로 모은 것이 아니라 정당하지 않은 방법으로 벌어들인 돈은 결국 정상적이지 않은 일에 쓰이게 됩니다. 요즘은 '어떻게 하면 덜 고생하고 더 많은 돈을 벌 수 있을까?'를 골몰하기에 바쁜 세상 같습니다. 그러나 불로소득이나 뇌물은 정당한 소득이 아닙니다. 이런 돈은 좋은 일에 쓰이는 것이 아니라 잘못된 일에 쓰이게 됩니다. 결국 한 푼도 남지 않습니다.

우리나라만 그런지 모르겠으나 지금까지도 뉴스를 틀면 종종 보게 되는 장면이 있습니다. 정치인과 사업가가 비리를 저질러 뇌물을 주고받다 걸려서는 결국 뇌물은 변호사 선임 비용으로 다 쓰고 그 대범한 주인공들은 감옥으로 갑니다. 글을 읽는 지금도 눈앞에 어떤 장면들이 자연스레 떠오르지 않습니까. '화천대유(火天大有)'니 '천화동인(天火同人)'이니 세상이 시끄러웠던 때가 있었습니다. 『주역』에 있는 그 좋은 글귀로 회사명을 짓고는 애당초 우리 사회나 어려운 이웃을 위해 쓸 생각 없이 몇 몇 개인의 배를 채우려 무리수를 두었으니 그 끝이 좋을 리 없습니다.

어긋나게 들어온 것이니 반드시 모두 어긋나게 나갈 것입니다. 그래야 하늘 무서운 줄도 알고, 정도(正道)에서 벗어나면 그에 따른 대가가 분명히 따른다는 것도 알게 될 테지요.

도리에 어긋나지 않게 순리대로 사는 것이 올바른 삶인데도 사람들은 끝없이 탐욕을 부립니다. 불경에 '탐욕은 소금물을 마시는 것과 같다.'고 했습니다. 소금물을 마시면 갈증이 나 금방 물을 찾게 되고 그리 계속 마시다가는 목숨까지 잃게 됩니다. 첫발을 잘못 내디디면 탐욕의 굴레에 빠져 벗어날 길이 없습니다. 순리를 거스르는 탐욕으로 인해 재물을 잃을 뿐 아니라 끝내는 제 몸까지 망치고 맙니다. 결국 손가락질을 받으며 헛된 삶을 마무리하게 되니, 경계하고 또 경계해야 할 일입니다.

부끄러움을
부끄러워하지 못한다면

예양(豫讓)은 전국시대 진나라 사람으로 '만고(萬古)의 충
신'으로 추앙받는 인물입니다.

예양은 자기가 모시던 왕이 조나라 양자(襄子)와의 전
쟁에서 죽임을 당하자 마음을 먹습니다. 그것은 바로,
원수를 갚으려 일부러 죄를 짓고는 궁으로 끌려가 양자
를 죽이려는 계획이었습니다. 하지만 예양은 발각되고
말았고, 그때 양자는 충성스러운 사람이라고 칭찬하며
예양을 풀어 주었습니다. 이후에도 예양은 목적을 이루
기 위해 거리에서 구걸하며 원수를 갚을 기회를 엿보고
있었습니다. 한데 친구가 자기를 알아보자 온몸에 옷을

발라 피부를 상하게 하여 누구도 알아보지 못하게 만들 었습니다.

어느 날 부인이 "모습은 내 남편과 다른데 목소리가 비슷하다."고 하는 말을 듣고는 뜨거운 숯을 삼켜 목소리를 완전히 바꾸어 버렸습니다. 그런 예양에게, 친구가 눈물을 흘리며 "자네의 재주로 양자를 섬기면 높은 벼슬을 받을 텐데 그때 모시는 척하며 일을 도모하면 쉽지 않겠는가? 왜 이리 고생을 하는가?"라고 묻습니다. 이에 예양은 "이미 그의 신하가 되었는데 죽일 생각을 한다면 두 마음을 품는 것이다. 내가 하려는 일이 지극히 어려운 것은 잘 알지만, 천하 후세에 남의 신하가 되어 두 마음을 품은 자들을 부끄럽게 하려는 것이다."라고 일갈합니다. 그러고는 지나가는 양자를 해하려고 다리 아래 몰래 숨어 기회를 노리고 있다가, 그만 잡혀 목숨을 잃고 맙니다.

모시던 주군을 위해 제 한 몸 희생하여 끝까지 원수를 갚으려는 행위는 후세에 높은 평가를 받습니다. 그래서인지 선거철이 되면 자꾸 예양이 떠오릅니다. 자기가 모시던 사람을 저버리고 상대편에 줄을 서는 사람이 적지 않습니다. 한때 정치적 신념이 같아 의기투합했을 텐데, 이제 와 판세를 보고 헌신짝처럼 내버리고는 상대 진영으로 쪼르르 달려갑니다. 정치적 노선과 도덕성 등에 문제가 생겨 그 사람과 도저히 함께할 수 없다면 얼마든지 이해할 수 있습니다. 정치인은 자신의 정치적 포부를 실현하는 것이 목적일 테니까요.

그러나 이해득실을 따져 훗날 한 자리를 차지하기 위해 출세의 디딤돌을 놓으려는 전략이라면, 부끄러운 줄 알아야 하지 않겠습니까. 2500여 년 전 예양은 진즉 이러한 인간의 속성을 파악했는지도 모르겠습니다. 훗날 이런 자들이 스멀스멀 모래알처럼 셀 수 없을 정도로 나타나리라는 것을 미리 알고 그런 말을 했는지도 모르겠습니다.

언제나 상황보다 중요한 건
마음이니까요

一尺布, 尙可縫(일척포, 상가봉)

一斗粟, 尙可春(일두속, 상가용)

오늘의 명구는 『삼국사기』 열전 「온달」에 나오는 말
입니다. '한 자 베도 꿰맬 수 있고, 한 말 조도 찧을 수
있다.' 즉, 얼마 안 되는 베도 꿰매어 옷을 만들 수 있고,
적은 양의 조도 찧어서 밥을 지을 수 있다는 뜻입니다.
사람이 서로 마음이 하나가 되고 뜻을 합친다면 경제적
인 어려움은 얼마든지 이겨 낼 수 있다는 의미입니다.
이 글은 원래 출전이 『사기』에 실린 것으로 「온달」에서

인용한 것입니다.

평강 공주가 궁에서 쫓겨나 온달을 찾아갑니다. 온달은 먹을 것을 구하려고 산에 가고 없었습니다. 온달 어머니를 만나 스스로 여기까지 오게 된 사유를 자초지종 말씀드리니 온달 어머니는 앞을 못 보는 맹인이었으나 평강 공주의 향기로운 체취를 맡고 매끄러운 손을 만져보고는 "여기는 누추하여 귀한 사람이 살 곳이 아니다."라고 거절했습니다.

그러자 평강 공주가 '일척포, 상가봉. 일두속, 상가용.'이라고 말했습니다. 경제적으로 어려운 것이 무슨 대수냐는 것입니다. 온달과 뜻을 모아 한마음이 되면 얼마든지 극복하여 잘 살 수 있다고 한 것입니다.

『주역』에 나오는 二人同心, 其利斷金(이인동심, 기리단금) 즉, '두 사람이 마음을 같이 하면 그 날카로움이 쇠도 끊을 수 있다.'와 같은 의미입니다. 제아무리 어려운 난관도 마음을 모아 대처하면 능히 극복할 수 있습니다.

경제는 날로 추락하여 회복할 기미도 보이지 않고 한반도 정세나 국제 상황도 갈수록 녹녹치 않습니다. 여든 아든 정치인들이 서로 마음을 모아 이 난국을 헤쳐 나갈 지혜를 짜내야 할 터인데, 허구한 날 먹고사는 문제와

하등 관련 없는 일로 다투고 있으니, 이를 지켜보는 심
정이 야속할 따름입니다.

누구나 나이가 듭니다. 아무리 먹고 싶지 않아도 헤어날 길이 없습니다. 그러니 세월 앞에 겸손해져야겠습니다. 한마디 덧붙이자면, 진영논리에서 벗어나 나이가 많든 적든 누구의 말이라도 정성껏 귀 기울이는 태도를 지니면 좋겠습니다. 긴장을 풀고, 적대감을 내려놓고, 한번 '상대방의 이야기를 들어 보려는 마음'을 가져 보면 어떻겠습니까.

할 수 없어서
못하는 일이 아닙니다

'세계기록관리협의회(ICA)'라고 들어 보셨는지요. 세계
기록관리협의회는 기록의 효과적인 관리와 보존, 세계
기록유산의 보호와 활용을 주된 사업으로 하는 국제기
구입니다. 4년마다 열리는 세계기록인의 모임이 지난
2016년 서울에서 개최되었습니다. 190여 개 나라에서
2000여 명이 참가하는 세계 기록인의 대축제였습니다.

　유네스코는 1992년부터 '기록유산이 인류 모두의 소
유물이므로 미래 세대에 전수될 수 있도록 이를 보존하
고 보호해야 한다.'는 취지로 세계기록유산을 선정해 왔
습니다. 그 후 『안네의 일기』를 비롯한 348건을 보존 가

치가 있는 기록유산으로 정했습니다. 『훈민정음 해례
본』 등 우리나라 기록유산 13종도 포함되어 있습니다.
특히 『조선왕조실록』 『승정원일기』 『일성록』 등 거질의
역사 기록이 포함됐는데, 역사 기록물이 3종이나 등재된
것은 세계에서 유례를 찾을 수 없는 일입니다. 그만큼
우리나라 역사 기록은 인류사적으로도 그 가치를 인정
받은 셈입니다.

우리 선조는 기록의 가치를 소중하게 생각했습니다.
당대의 일을 문자로 남겨 후대가 소중한 교훈으로 삼기
를 바랐던 듯합니다. 과거가 곧 현재와 미래의 거울이
된다는 생각에서였을 것입니다.

『조선왕조실록』 『승정원일기』 『일성록』에는 왕과 신
하 사이의 국정 운영에 대한 진지한 대화 그리고 조선시
대의 다양한 사회 현상이 고스란히 담겨 있습니다. 어떤
것은 바로 옆에서 보고 듣는 듯한 느낌이 들 정도로 생
동감이 넘칩니다. 왕의 일거수일투족을 하나라도 놓칠
세라 빠짐없이 기록한 『승정원일기』를 보면, 우리 선조
의 엄밀함과 치열함이 그저 놀랍기만 합니다.
특히 2억 4000여 만 자의 『승정원일기』는 양에서도

단일 서종(書種)으로는 세계 최대입니다. 중국의 전 역사를 기록한 『이십오사』가 4000만 자인 데 비해 인조 때부터 순종 때까지 288년간의 기록이 그 여섯 배에 달하니 내용이 얼마나 상세할지 짐작할 수 있습니다.

하지만 『승정원일기』는 현재 우리말로 번역된 것이 20% 정도에 불과합니다. 완역을 하려면 최소 50년은 더 기다려야 합니다. 현재 초등학교 1학년 학생이 환갑이 되어야 비로소 완역된 『승정원일기』를 볼 수 있는 셈입니다. 『일성록』 완역도 20년이나 남았으며, 재번역 중인 『조선왕조실록』도 완료되려면 30년 가까운 세월이 걸릴 것입니다.

그러니 세계기록유산에 우리나라 역사 기록물이 3종이나 등재되었다고 들떠 기뻐하며 자랑스러워할 일만은 아닌 듯합니다. 자국 역사를 읽지도 못한다는 것은 국격과도 관계되는 문제입니다. 안타까운 현실입니다만, 그렇다고 방법이 전혀 없지는 않습니다. 예산과 인력이 있으면 얼마든지 할 수 있는 일입니다.

서두르면 한 세대 안에 우리말로 번역된 역사 기록을 모두 볼 수도 있습니다. 할 수 없어서 못하는 것이 아니라, 할 수 있는데도 하지 못하는 현실이 그저 통탄스럽습니다.

서울을 찾았던 세계 각국 기록인이 『승정원일기』의 구체적 내용을 궁금해했다면 우리는 무어라 대답해야 했을까요. 아직 5분의 4에 해당하는 분량이 '흰 것은 종이요, 검은 것은 글씨'일 뿐이니 정녕 답답하지 않은가요.

평가와 판단은
언제나 상대적이기에

宋襄之仁(송양지인)은 '송나라 양공(襄公)의 인자함'이라는 뜻으로 쓸데없이 베푸는 동정을 비웃어 이르는 말입니다.

춘추시대 송나라는 강대국 초나라와 전쟁을 치르고 있었습니다. 초나라는 송나라에 비해 국력이 월등했습니다. 전쟁이 시작되자 한 신하가 초나라 군사가 많으니 그들이 강을 건너기 전에 공격하자고 간합니다. 그러나 양공은 도의에 어긋나는 정당한 방법이 아니라는 이유로 거절합니다. 강을 건넌 초나라 군대가 아직 대오를 갖추지 못했을 때 공격하자고 했으나 양공은 또 거절합니다. 정당하지 않다는 것입니다.

드디어 전열을 갖춘 초나라 군대와 전투가 벌어지자 송나라는 대패하고 양공은 부상을 입고 얼마 뒤 죽습니다. 양공은 죽기 전에 백성들이 원망하자 "군자는 상처 입은 군사를 두 번 공격하지 않는다."는 도덕적인 명분을 내세우며 자기 합리화를 합니다.

전쟁은 수단 방법을 가리지 않고 싸워 이겨야 합니다. 『삼국지』를 보면 전쟁에서 이기기 위해 온갖 술수와 음모 그리고 매복과 기습 등이 비일비재합니다. 전쟁은 피도 눈물도 없는 냉혹한 싸움입니다. 한 사람의 잘못된 판단으로 나라가 망하고 수많은 백성이 죽을 수도 있으니 상대방에 대한 동정과 연민 따위는 용납되지 않습니다.

그러나 양공은 정정당당함이라는 도덕적 명분에 집착했습니다. 국력이 월등히 뛰어난 초나라를 상대로 정상적인 방법으로 전쟁을 한 것입니다. 인간적으로 더할 나위 없는 훌륭한 인물이었으나 결국 그의 행위는 비웃음을 받게 되었습니다.

만약 이 싸움에서 양공이 이겼더라면 후세의 평가는 어떠했을까요. 아마 어마어마한 칭송을 받았을뿐더러 비열한 방법으로 전쟁을 하는 사람들은 세상의 지탄을 받았을 것입니다. 세상사 어디 전쟁뿐일까요. 선거든 게

임이든 운동 경기든 모든 것이 모 아니면 도입니다.

특히 정치권에서는 선거를 앞두고 아직 시작도 안 했는데 온갖 치졸한 수를 놓기도 합니다. 양공과 같은 도덕적 품성을 지닌 사람끼리 맞붙는다면 어떨까요. 정해진 룰을 지키며 정정당당하게 겨루는 모습을 대선 기간 내내 흐뭇하게 지켜볼 수 있을 것도 같습니다. 양공 같은 사람이 조롱받지 않는 세상이 올 수 있을까요.

타인의 마음을 섬세히
헤아릴 수 있길 바랍니다

沈竈産鼃(침조산와)는 중국의 역사서 『국어』에 실려 있습니다. 沈(침)은 '가라앉다.'로 沈水(침수), 沈沒(침몰) 등의 단어로 자주 쓰입니다. 竈(조)는 '부엌'입니다. 부엌을 맡고 있는 신을 '조왕신(竈王神)'이라 합니다. 産(산)은 '낳다'로 産卵(산란), 産母(산모)가 예입니다. 鼃(와)는 '개구리'입니다. 합치면 어떤 의미가 될까요? '물에 잠긴 부엌에서 개구리가 생겨났다.'는 뜻입니다. 어떻게 이 성어가 있게 되었는지, 좀 더 이야기를 들려드리겠습니다.

2500여 년 전 진양성은 적군의 수공(水攻)으로 온 성이 물에 잠기게 되었습니다. 침조산와는 두 가지 사실을 알

려 줍니다. 첫째는, 부엌이 물에 잠겼으니 밥을 해 먹지 못
했을 것이고 둘째는, 개구리가 나올 정도니 물에 잠긴 기
간이 꽤 오래였을 것입니다. 오랫동안 더운 밥 한 끼도 먹
지 못했는데, 단 한 명의 백성도 배반할 생각이 없었다고
합니다. 생쌀을 씹으며 모진 고생을 하면서도 어떤 불평불
만도 없었다는 것이 놀랍습니다. 이는 진양성의 성주가 그
간 백성들에게 세금을 줄여 주면서 그들을 보호하는 울타
리 역할을 했기 때문이라고 합니다. 그러고는 마침내 백성
의 하나 된 힘으로 적군을 물리쳤습니다.

사회가 비교적 단순하던 시절에는 세금을 줄여 주는
선정(善政)만으로도 백성의 마음을 충분히 얻을 수 있었을
것입니다. 그러나 지금처럼 사회가 복잡다단하고 이해관
계가 첨예하게 얽힌 현실 속에서 단지 세금을 줄여 준다
고 해서 사람의 마음을 얻을 수는 없을 것입니다.

그럼에도 훌륭한 지도자는 국민의 고통을 세심하게 살
펴 그들의 마음을 어루만질 줄 아는 가슴이 따뜻한 사람이
어야 합니다. 나라가 어려움에 처했을 때 국민이 보이는 반
응은 평소 지도자가 어떤 원칙과 태도 그리고 어떤 가치와
철학으로 국민을 대했느냐에 달려 있습니다. 어디 나라만
그렇겠습니까, 사실 모든 조직이 다 그러하겠지요.

의로운 생각과
당당한 태도를 익힌다면

暗箭傷人(암전상인)은 『수호전』을 비롯하여 여러 문헌에 나옵니다. 暗(암)은 '몰래', 箭(전)은 '화살'입니다. 暗(암)에 대해 좀 더 이야기를 해 보겠습니다. 본래 이는 '어둡다'는 뜻인데 어두컴컴한 데 숨어서 무엇을 할 수 있으니 '몰래'라는 뜻이 파생되었습니다. 암살(暗殺), 암약(暗躍)이 그 뜻입니다. 의미가 같은 또 다른 한자들도 소개하지요. 잠(潛)도 물속에 잠겨 있으니 사람들이 볼 수가 없고, 음(陰)도 그늘이니 그늘진 곳에 숨어 있으면 사람 눈에 잘 띄지 않아 '몰래'라는 뜻이 생겼습니다. 잠입(潛入), 잠행(潛行), 음모(陰謀), 음해(陰害)가 그 예입니다. 즉, 암전

상인은 '남모르게 화살을 쏘아 사람을 다치게 한다.'는 뜻입니다. 아무 준비도 갖추지 않은 틈을 노려 불의(不意)에 공격을 하니, 누가 봐도 정당하지 않은 방법입니다.

세상을 살다 보면 이런 일을 겪기도 하고 주위에서 수도 없이 보았을 것입니다. '뒤통수를 맞는다.'는 표현이 꼭 맞습니다. 얼굴에 백미러를 달 수도 없으니 치면 맞을 수밖에요……. 공명정대(公明正大)하게 맞서는 것이 아니라 야비하게 상대를 해치려는 것입니다.

품성이 음흉하거나 목적만 이루려는 탐욕이 지나친 사람들은 이런 일을 아무렇지도 않게 저지릅니다. 블랙리스트를 만들어 마음에 들지 않는 사람을 해코지하는 것이 그렇습니다. 정치 공작도 다르지 않습니다. 당하는 사람은 왜 당하는지도 모릅니다. 학교에서만이라도 바른 교육을 해야겠다는 생각에 '의롭게 생각하고 당당하게 행동하는 태도'를 교육 목표로 삼았습니다.

나중보다 지금 이 순간을
반듯하게 살아가기를

依阿權勢者(의아권세자), 凄凉萬古(처량만고)

　오늘의 명구는 『채근담』에서 가져와 보았습니다. 依阿(의아)는 '자기를 굽혀 남을 따르다'는 뜻으로 '아첨해서 좇아 따름'입니다 凄凉(처량)은 '초라하고 가엽다'이며, 萬古(만고)는 '오랜 세월 동안'입니다. 한자 이야기를 좀 더 해 보지요. 者(자)는 흔히 '놈, 자'라고 '남자의 낮춤 말'로 쓰기도 하나 일반적으로 '사람'이란 뜻입니다. 독자(讀者), 신자(信者), 작자(作者), 승자(勝者) 등입니다. 그리고 시간과 연관이 있는 명사와 결합을 하면 시간을 나타

내는 부사구가 됩니다. 예컨대 근자(近者)는 '요 얼마 되
는 동안'으로 '근자에 들어'라고 많이 씁니다.

萬(만)은 숫자 '1만'보다 '많은(온갖)'의 뜻으로 씁니다.
만국기(萬國旗)는 '만개 나라의 국기'가 아니라 '많은(온갖)
나라의 국기'이며, 만복(萬福)도 '만개의 복'이 아니라
'많은(온갖) 복'입니다. 만년(萬年), 만대(萬代), 만민(萬民), 만
방(萬邦), 만인(萬人)이 같은 예입니다. 그러면 채근담에 나
오는 명구는 어떤 의미가 될까요? '권세 있는 사람에게
아첨하여 따르는 자는 아주 오랜 세월 동안 초라하고 가
여운 신세가 된다.'는 뜻입니다.

권세 있는 사람에게 아부하며 빌붙는 사람은 줏대가
없는 사람입니다. 이런 인간은 어느 조직이든 반드시 있
습니다. 제 한 몸 호의호식하려고 자존심과 양심을 헌신
짝처럼 던져 버리고, 권세 있는 사람 앞에서 어떤 말이
든 맞장구 치고 늘 머리를 조아리며 비굴한 웃음을 짓습
니다. 그래야 그나마 얻어먹을 거리가 생긴다 여깁니다.
이런 인간은 가까이는 주변에서, 멀리는 역사 속에서 어
디서든 쉽게 볼 수 있습니다. 살아생전 잘 먹고 잘 살았
는지는 모르겠으나, 죽고 난 후 결국 장구한 세월동안
처량한 신세가 되어 사람들의 호된 지탄을 받게 됩니다.

후손에게 자랑스러운 조상은 못될지언정 적어도 손가락질을 받았던 조상이 되어서야 되겠나요. 또 후손이 조상이 누구라고 말도 꺼내지 못하는 한심한 존재가 되어서야 되겠나요. 반듯하게 지금 이 생을 살아야 하겠습니다.

나누는 마음은
힘든 시기일수록 빛납니다

相濡以沫(상유이말)은 『장자』에 나오는 말입니다. 濡(유)는 '적시다', 以(이)는 '∼로, ∼로써', 沫(말)은 '(침방울) 거품'입니다. 즉, '서로 거품으로 적시다.'라는 말인데 어떤 상황에서 비롯된 것일까요.

덧붙여 설명하자면 이러합니다. 가뭄으로 거북 등처럼 갈라진 연못 속에서 물고기들이 거품을 뿜어 서로 몸을 적셔 살아 있었다는 이야기에서 유래했습니다. 처절한 몸부림으로 목숨을 부지한 것입니다. 그러므로 '상유이말'은 곤경에 처하여 미력한 힘으로나마 서로 도와준다는 의미로 쓰입니다.

2014년 방한한 시진핑 주석이 서울대학교 강연에서 "역사적으로 양국 국민은 어려울 때마다 서로 도왔다."고 하면서 상유이말을 인용했다는데 임진왜란 때 이야기면 너무 오래전이고 한국전쟁 때 이야기면 김일성종합대학으로 착각한 것이 아닐까 싶어 어떤 맥락인지 아리송했습니다.

월급은 오르지 않는데 물가만 오르는 상황이 매해 계속되고 있지요. 전 세계적 경제난에 살림살이가 팍팍해졌는데 긍정적으로 전망하는 의견은 드뭅니다. 오히려 앞으로는 더 어려워질 것이라고 합니다. 있는 사람들이야 나라가 어렵든 세상이 힘들든 상관할 바 없이 그런대로 살아가겠지만 대다수의 보통 사람들은 걱정이 태산입니다. 코로나로 힘든 시기를 버텨 냈는데 설상가상 또 고된 세월을 보내게 되진 않을까 걱정스럽고요.

어려울수록 십시일반 돕는 것은 당연한 일이지만 물고기의 자그마한 거품으로 몇 사람이 얼마나 견뎌 낼 수 있을까요. 고래가 뿜어 내는 거품 정도는 되어야 수천 마리 물고기를 살릴 수 있습니다.

'네 이웃을 네 몸처럼 사랑하라.'는 성경 말씀처럼 가진 사람의 아낌없는 나눔이 사회를 따뜻하고 건강하게 만듭니다. 내가 가진 것 중에 줄 수 있는 것을 나누는 것이 진정한 나눔입니다. '사방 백 리 안에 굶어 죽는 사람이 없게 하라.'는 경주 최부자, 전 재산을 흉년으로 굶주린 제주도 백성에게 나누어 준 김만덕처럼 가진 사람의 아름다운 나눔의 전통이 이어지기를 기대해 봅니다.

'뒤통수를 맞는다.'는 표현이 꼭 맞습니다. 얼굴에 백미러를 달 수도 없으니 치면 맞을 수밖에요……. 공명정대(公明正大)하게 맞서는 것이 아니라 야비하게 상대를 해치려는 것입니다. 품성이 음흉하거나 목적만 이루려는 탐욕이 지나친 사람들은 이런 일을 아무렇지도 않게 저지릅니다. 학교에서만이라도 바른 교육을 해야겠다는 생각에 '의롭게 생각하고 당당하게 행동하는 태도'를 교육 목표로 삼았습니다.

분야마다 전문가가
괜히 있는 것이 아니니까요

『논어』에 나오는 공자 말씀을 살펴보겠습니다.

　不在其位, 不謀其政(부재기위, 불모기정): 그 지위에 있지 않으면 그 (지위의) 정사를 꾀하지 않는다.

　무슨 의미일까요? '자신이 맡은 직책이 아니면 그 직무에 참견하지 않는다.'는 내용입니다. 자신이 맡은 직분을 다하는 것이 바른 자세지, 남의 일에 "감 놔라 배 놔라." 하는 것은 월권입니다. 다른 분야에 식견도 없으면서 이래라저래라 해서야 되겠습니까. 생선 가게 주인이 과일 가게 주인에게 뭐라 하는 태도와 다를 바 없습니다.

요즘 방송을 보다 보면 마음이 복잡해지곤 합니다. 정치 상황이건 사회 현상이건, 심지어 국제 정세에 이르기까지 패널들의 의견에 신뢰가 가지 않을 때가 있어서입니다. 해당 분야와 직무 관련성도 없고 전공 분야도 아닌데 출연하여 마치 그 분야 최고의 전문가인 듯 행세하는 모습을 보고 있으면 이게 뭔가 하는 생각도 들고 그야말로 '부재기위, 불모기정'을 일러 주고 싶습니다.

시청자가 원하는 것은, 축구 경기 해설을 배구 선수가 하는 것처럼 누구나 알 수 있는 상식적인 이야기가 아닐지도 모릅니다. 프로그램 성격에 따라 다르겠지만 적어도 나라 안팎의 세상을 다루는 진지한 프로그램에서 필요한 것은 전문가의 예리하고 정확한 분석입니다. 심지어 본업은 내팽개치고 SNS에 하루가 멀다 하고 상대 진영을 향해 온갖 험담을 퍼붓는 이들도 있습니다. 이들의 언행은 앞뒤 가리지 않고 무작정 목소리를 높여 상대를 공격하기에 대중에게 자극만큼 높은 피로를 불러일으킵니다.

표현의 자유가 있으니 자신의 견해를 밝히는 거야 뭐라 할 수 없지만 분야마다의 전문성을 존중하면서 우선

자기 일을 충실히 하는 것이 좋지 않을까요. 자칫 잘못
하면 장래의 정치적 셈법 때문에 저런다는 비난도 받습
니다. 비수를 꽂듯 날 세운 말은 언젠가 부메랑이 되어
반드시 자기 자신에게 되돌아옵니다.

모든 일의 시작처럼,
끝을 완성해 내기를 바랍니다

有始有終(유시유종)은 『위서』에 나옵니다. 즉, '처음이 있으면 끝이 있다.'로 '시작한 일을 끝까지 마무리함'을 이릅니다. 『논어』에 나오는 '有始有卒, 其聖人乎'(유시유졸, 기성인호: 처음이 있고 끝이 있는 것은 오직 성인일 것이다.)의 有始有卒(유시유졸)도 같은 뜻입니다. 『노자』에서도 '謹終如始, 則無敗事'(근종여시, 즉무패사: 처음처럼 끝도 조심스럽게 하면 실패하는 일은 없다.)라고 했습니다. 有始無終(유시무종: 시작만 있고 끝이 없다.)은 그 반대인 용두사미를 의미합니다.

유시유종은 김영삼 대통령 임기 마지막 해인 1998년 청와대에서 의미 있는 올해의 성어를 선정해 달라는 청을 받고 몇 날을 고심하다가 고른 것입니다. 발표 후 임기 말까지 최선을 다하겠다는 대통령의 의지가 잘 드러나 보인다는 평을 받았습니다.

일을 시작하고 마무리를 해야 하는 이유는 어떤 일이든지 끝맺음을 해야 그제야 완성되기 때문입니다.

모든 일의 시작은 참 쉽습니다. 그러나 끈기를 갖고 끝까지 하기란 결코 쉽지 않습니다. 시작한 지 얼마 안되어 작심삼일 끝나기도 하고, 잘하다가 중도에 포기하기도 하고, 하는 둥 마는 둥 끝도 없이 질질 끌기도 합니다. 유종의 미를 거두려면 무엇보다 이 일을 왜 시작했는지 끊임없이 성찰하고 반드시 이루고야 말겠다는 굳은 의지가 있어야 합니다.

마라토너는 시간이 얼마가 걸리든 결승점을 통과하려고 온 힘을 다 쏟지요. 시작할 때의 마음을 잊지 않고 계속해 보면 좋겠습니다. 거창한 목표를 갖지 않아도 되는 일입니다. 작은 일부터, 소소한 계획부터, 하나씩 끈기 있게 이루어 성취해 보는 것이지요. 그러한 경험이 차곡이 쌓여 '나'를 만들어 가는 것 아니겠습니까. 올해 초 계획하고 다짐했던 일들이 어떻게 되어 가는지요? 찬찬히 살펴보며 지속하는 '오늘'이 되면 좋겠습니다.

나오며

지나간 학창 시절을 돌이켜 보면, 나에게 '학교'는 어떤 의미였는지 딱히 잡히는 것이 없습니다. 나에게 감동을 준 선생님에 대한 기억도, 삶에 지침이 되는 교육을 받았는지조차도 잘 떠오르지 않습니다. 그런데 자연스레 시간이 흘러 지금의 초등학교인 국민학교부터 대학까지 정해진 과정을 하나하나 마치면서 학교라는 틀에서 벗어나게 되었습니다. 제가 만약 학교를 다니지 않았더라면 지금의 모습과 어떤 차이가 있었을까요?

처음 학교를 만든 목적은 인류의 축적된 지식과 사람됨을 가르치기 위함이었다고 합니다. 그러나 우리가 다녔던 학교는 인류의 축적된 지식이 아니라 상급학교 진학을 위한 입시용 지식만 가르쳤고, 사람됨에 대한 교육은 엄격한 훈계와 강압적인 체벌뿐이었습니다. 때가 되면 시험을 치렀고 성적은 사람을 평가하는 이상한 잣대가 되었습니다. '공부를 잘한다.'라는 것은 사람 됨됨이가 어떠하든, 무슨 잘못을 저지르든, 모든 일로부터 이해와 용서를 받을 수 있는 마법 같은 증표였습니다. 삶의 방식과 철학에 대한 가르침과 깊이 있는 토론은 상상조차 할 수 없었습니다.

요즈음 대부분의 학교는 학부모의 도에 넘치는 간섭에 몸살을 앓고 있습니다. 자녀가 조금이라도 불이익을 당했다 싶으면 득달같이 달려와 거친 항의를 합니다. 툭하면 '아동학대'라고 으름장을 놓습니다. 어디 학부모뿐일까요. 학생들은 '학생인권조례'라는 방패 뒤에 숨어 선생님을 조롱하고 안하무인처럼 언행을 합니다. 이쯤 되면 학교는 교육기관으로서의 기능을 이미 상실

한 것입니다. 교권이 확립되지 않은 곳에서 교육을 기대할 수 있을까요? 불가능한 일입니다. 이런 현실을 뻔히 알면서도 교육 당국은 수수방관입니다. 교육을 하자는 건지 말자는 건지, 학교라는 교육기관은 왜 존재해야 하는지 이런 근본적인 질문에 답부터 해야 할 것입니다.

예전의 학교는 지금에 비할 바 없이 교권이 확고했습니다. 언론에서 교권 침해라는 용어조차 언급된 적이 단한 번도 없었습니다. 학부모가 학교에 찾아오거나 선생님께 전화하는 일도 없었고 학생이 선생님께 함부로 언행을 하지도 못했습니다. 그런데 그 당시 학교로 돌아가보아도 지금과 무엇이 달랐는지 알 수 없습니다. 그 당시 학교도 입시 준비에 여념이 없었고 '사람됨'을 가르치기 위한 노력은 전혀 없었습니다.

요즘 학교 교육이 피폐하게 된 원인이 학부모의 지나친 간섭과 버릇없는 학생 때문이라고 이야기하나 그것은 좋은 핑곗거리일 뿐입니다. 교권이 확고했던 그 시절에도 교육은 지금과 똑같았습니다. 학교는 지금까지 관성처럼 어영부영 흘러 내려오다가 이런 위기에 봉착한 것입니다.

대학마다 '인성교육센터'가 있습니다. 왜, 대학에서 사람됨을 교육해야 하는지 의아합니다. 인성은 가정과 초·중·고에서 이미 교육해야 하는 일입니다. 깊이 있는 전공을 공부해야 하는 대학에서 인성교육을 하고 있다는 것 자체가 우리나라 초·중·고 교육에 문제가 심각하다는 반증이기도 합니다.

학부모의 자녀에 대한 관심과 기대는 탓할 수 없습니다. 그러나 이런 당연한 관심과 기대가 도를 넘어서면 말할 수 없는 부작용이 생깁니다. 학교는 학교대로 힘들어지고 학생은 학생대로 기댈 곳조차 없게 됩니다. 내 아이만 무조건 잘돼야 한다는 이기적인 아집은 결국 학교와 아이를 병들게 합니다. 그러함에도 학교가 학부모의 등쌀에 손을 놓고 있는 것은 교육기관으로서의 역할을 포기한 것입니다.

거대한 바위에 달걀을 던지는 격인지는 모르겠으나 학교는 그 틈바구니에서 교육기관으로서 최선을 다해야 합니다. 그것이 학교가 존재해야 할 이유입니다. 아무리 입시가 중요하다고 해도, 학부모의 그릇된 자녀관에 대해 바르게 인식할 수 있는 프로그램을 지속적으로 제공해 주고, 학생에게도 사람 냄새가 나는 바른 인성을 갖도록 교육해야 합니다.

지금 많은 학생은 극한적인 경쟁 구도 속에서 좌절하고 심지어 극단적인 선택을 합니다. 그 어린 나이에 심적 고통이 얼마나 심했으면 이런 일을 저질렀겠습니까.

그런데도 학교 현장은 예나 지금이나 조금도 변하지 않았습니다. 사건이 터지면 잠시 혀를 끌끌 차며 비정상적 교육 현실을 개탄하고 그만입니다. 누구도 근본적인 개선 방향에 대해 논의조차 하려 하지 않습니다.

십여 년 전 어느 학교를 방문한 일이 있었습니다. 복도를 걸어가며 창문 너머 바라본 교실은 너무 낯선 광경이었습니다. 한 반에 일고여덟 명의 학생이 책상에 엎드려 자고 있었습니다. 그 반 학생이 35명쯤 되었으니 5분의 1 정도의 학생이었습니다.

이 비율로 따져 보니 전국적으로 그 학년 전체 학생의 5분의 1인 약 10만 명이 자는 것이고 중1부터 고3까지 여섯 학년을 대충 헤아려 보면 대략 60만 명의 학생이 같은 시간에 자는 셈이었습니다. 이런 나라가 세계에 또 있을까 싶었습니다.

학생들에게 자는 이유를 물어보면 대답이 각양각색일 것입니다. 학교 교육에서 만족 못하여 그럴 수도 있겠으나, 대부분 학생은 학업에 대한 흥미가 없어서일 것입니다. 그런데 아무도 이 문제에 대한 해답을 주지 못합니다. 자는 학생을 깨우는 것이 '학생인권조례'에 저촉이 되기 때문입니다. 우리는 왜 공부가 싫다는 아이들을 종일 교실에 매어 두어야 할까요? 인생에서 가장 중요한 청소년기의 이 아이들을 이대로 놔두어야 하나요?

이제 의식을 과감하게 전환할 때가 되었습니다. 학교가 정해진 틀에 묶여 옴치고 뛸 수 없게 만든 각종 규제를 풀어 버려야 합니다. 학교가 숙박업소도 아닌데 공부하기 싫다는 학생을 종일 교실에서 자도록 놔두는 것이 무슨 의미가 있을까요.

학교에서는 최소한의 기초 학력만 갖추도록 하고 나머지 시간은 학생이 원하는 프로그램을 제공해 주는 것이 옳은 일입니다. 댄스를 원하든 요리 배우는 것을 원하든 프로그램을 마련해 주면 됩니다. 아까운 시간을 종일 엎드려 자게 할 것이 아니라 그들의 희망과 꿈을 이룰 수 있도록 배려해야 합니다. 입시라는 틀 하나에 옥죄어 지내는 것이 아니라 다양한 꿈과 소질을 계발하는 곳이 학교여야 합니다.

또한 학교는 '학원 같은 학교'가 아니라 '학교다운 학교'여야 하며, 우리는 어려운 이웃과 더불어 살아가는 사람, 우리 사회에 선한 영향력을 주는 사람, 공정한 가치와 공동선을 추구하는 사람, 겸손한 자세로 상대를 공감하고 배려하는 사람을 길러 내야 합니다. '우리 사회에 얼마나 도움이 되는 사람을 양성했느냐?'가 학교 교육의 참된 목적이어야 합니다.

요즘 학생들은 대학 입학이라는 목적지가 정해진 기차에 죽 늘어앉아 자신의 의지와 상관없이 획일적인 교육을 받으며 그저 궤도를 따라가고 있습니다. 그런 교육 환경 속에서는 개성도 창의성도 발휘할 수 없습니다. 오로지 성적만이 평가의 척도이고 사람됨이나 재능과 소질은 누구도 눈여겨보지 않습니다. 성적이 만능인 사회는 결국 경쟁에 찌들어 치유할 수 없는, 병든 세상이 되고 말 것입니다.

밤하늘에 반짝이는 별들은 모양도 크기도 제각각입니다. 커다란 것, 작은 것, 둥근 것, 찌그러진 것, 심지어 부서진 조각도 있습니다. 그러나 모양이나 크기가 어찌되었든 모두 밤하늘에서 빛을 내며 반짝입니다. 공부를 잘하거나 못하거나 각자의 재능과 소질은 존중받아야 하며 밤하늘에 빛나는 별처럼 제 빛을 내는 세상이 되어야 합니다. 그리고 학교는 모두가 밤하늘에 반짝이는 주인공이 되도록 최선의 뒷받침을 해 주어야 합니다.

공부를 열심히 하는 학생도 칭찬해 주고, 공부가 아니더라도 자신이 좋아하는 일에 열과 성을 다하는 학생에게도 칭찬과 격려를 아끼지 않는 학교 그리고 꼴찌에게도 최선을 다하는, 사람을 존중하는 학교가 '학교다운 학교'입니다.

부모, 쉼표
흔들리는 부모와 아이를 위한 고전 명구 마음 수업

1판 1쇄 발행 2023년 8월 25일
1판 2쇄 발행 2023년 9월 1일

지은이 　이명학

편집 　이혜재
제작 　세걸음

펴낸이 　이혜재
펴낸곳 　책폴
출판등록 　제2021-000034호(2021년 3월 15일)
전화 　031-947-9390
팩스 　0303-3447-9390
전자우편 　jumping_books@naver.com

© 이명학, 2023

ISBN 979-11-93162-03-3 (03100)

너와 나, 작고 큰 꿈을 안고 책으로 폴짝 빠져드는 순간
책폴

블로그 blog.naver.com/jumping_books
인스타그램 @jumping_books